新媒体营销101招

内容运营 +引流技巧 +营销推广

娄宇　周立 ／ 著

U0319645

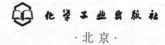

化学工业出版社

·北京·

内容简介

新媒体营销由于传播速度快、成本低、互动性强、效果明显，越来越受到众多企业和运营人员的青睐。

《新媒体营销101招：内容运营＋引流技巧＋营销推广》全面讲述了新媒体营销的相关理论、落地实用方法和成功的案例，主要内容包括：新媒体营销入门、短视频营销、微博营销、微信营销、二维码营销、社群营销、APP营销、微视频营销、自媒体营销等，旨在帮助读者形成完整的营销思路，将营销技巧运用到工作中去。

本书双色印刷，内容丰富，图文并茂，有很强的参考实用性，适合有新媒体各平台的运营人员阅读和参考。

图书在版编目（CIP）数据

新媒体营销101招：内容运营+引流技巧+营销推广/娄宇，周立著.—北京：化学工业出版社，2021.9
ISBN 978-7-122-39881-9

Ⅰ.①新… Ⅱ.①娄…②周… Ⅲ.①网络营销
Ⅳ.①F713.365.2

中国版本图书馆CIP数据核字（2021）第183264号

责任编辑：万忻欣　　　　　　　　　　装帧设计：李子姮
责任校对：杜杏然

出版发行：化学工业出版社（北京市东城区青年湖南街13号　邮政编码100011）
印　　装：三河市延风印装有限公司
710 mm×1000mm　1/16　印张15　字数249千字
2022年1月北京第1版第1次印刷

购书咨询：010-64518888　　　　　　　售后服务：010-64518899
网　　址：http://www.cip.com.cn
凡购买本书，如有缺损质量问题，本社销售中心负责调换。

定　　价：58.00元　　　　　　　　　　　版权所有　违者必究

前　言

　　互联网的快速发展将新媒体带入了全盛时期，新媒体营销由于传播速度快、成本低、互动性强、效果明显，越来越受到众多企业和运营人员的青睐。企业营销应当紧跟大趋势，转变营销思路，充分发挥新媒体的价值，树立良好的企业形象，不断提升品牌影响力，并获得红利。

　　然而，不少企业主和运营人员对于新媒体营销还不甚熟悉。新媒体应当如何布局？过去的营销方法是否还适合目前的环境？众多的新媒体平台又该如何取舍、如何运营？这些问题都将在本书中获得解答。本书以新媒体营销为根本出发点，结合大量新媒体营销案例，为读者总结了新媒体营销101招，全面系统讲解新媒体营销的优势、技巧、策略和常见模式，帮助读者形成完整的营销思路。

　　本书具有以下特点：

　　① 内容全面详细。读者最关注的短视频营销、微信营销、微博营销、社群营销、二维码营销、APP营销、微视频营销、自媒体营销都被囊括其中。

　　② 营销理论与具体实践相结合，使得内容更加易学易懂，实用性、针对性更强。

　　③ 每节内容短小精悍，读者利用通勤等碎片时间阅读本书，也能学到不少营销技巧。

④ 全书双色印刷，图文并茂，既能够增加阅读的趣味性，又能够降低理解的难度，也便于读者记忆重要的知识点。

⑤ 内容十分新颖，既有对最近两年经典营销案例的观察、分析和思考，也包含对未来营销趋势的预判，能够让读者真正获益。

本书由娄宇、周立撰写，其中娄宇撰写了第2章、第6章～第9章，周立撰写了第1章、第3章～第5章。在撰写本书的过程中，为了获得第一手的资料，笔者曾走访多名新媒体从业者和营销专家，获得了他们的帮助，也听取了他们不少良好的建议和意见，在此表示诚挚的感谢。

由于笔者水平有限，书中难免会有疏漏之处，恳请广大读者批评指正。

希望这本书能够给企业决策者、新媒体运营人员提供有益的指导，能够帮助大家开启新媒体营销之门，收获累累硕果！

著　者

目　录

第1章

新媒体营销入门

第1招　社会化传播时代与新媒体营销　　2

第2招　新媒体营销的优势　　4

第3招　新媒体营销的八大模式　　7

第4招　新媒体营销的主流平台　　9

第5招　新媒体平台的变现模式　　11

第6招　如何布局新媒体营销　　13

第7招　新媒体环境下的品牌传播变革　　14

第8招　新媒体环境下品牌营销存在的问题　　16

第9招　新媒体品牌营销策略　　18

第2章

短视频营销

第10招　顺应5G时代潮流，发挥短视频营销优势　　22

第11招　深度解析短视频让人上瘾的内在逻辑　　24

第12招　如何摆脱短视频营销的误区　26

第13招　如何组建一支高效短视频创作团队　28

第14招　如何做好短视频的精准定位　30

第15招　10万次播放量的短视频选题是如何产出的　32

第16招　短视频选题要考虑的三个细节　34

第17招　如何生产有灵魂、有干货的内容　35

第18招　短视频标题如何拟定最吸引人　37

第19招　如何选择适合自身内容的短视频分发渠道　39

第20招　抖音、快手、西瓜视频、B站推荐机制有何异同　42

第21招　短视频涨粉：让更多用户关注的实战技巧　44

第22招　如何把短视频粉丝逐步转化成忠实消费者　46

第23招　如何用数据分析优化短视频传播效果　49

第24招　企业如何通过短视频快速变现　51

第25招　直播推广需要把握的四大要点　53

第26招　直播带货如何突出产品的价值点　55

第27招　小米如何在抖音进行短视频内容营销　57

第28招　蜜雪冰城"短视频＋音乐"引发裂变传播　60

第3章

微信营销

第29招　新媒体时代微信营销的发展前景　64

第30招　微信营销的常见形式　66

第31招　企业微信营销常见的几大误区　68

第32招　如何通过微信获取客户资源　　　　　　70

第33招　如何使用微信管理客户资源　　　　　　72

第34招　如何打造一个有助于营销的微信号　　　73

第35招　如何规划和设计一个受欢迎的公众号　　75

第36招　如何创作有价值的公众号内容　　　　　78

第37招　如何用精心制作的标题引爆传播　　　　80

第38招　如何在朋友圈进行营销推广　　　　　　82

第39招　如何策划微信活动引爆粉丝增长率　　　84

第40招　如何进行微信活动的总结反思　　　　　86

第41招　如何选择适合自己的微店平台　　　　　87

第42招　微电商如何打造爆款　　　　　　　　　89

第43招　如何做好微信视频号的运营工作　　　　91

第44招　如何快速拥有自己的小程序　　　　　　93

第45招　小程序变现需要解决哪些问题　　　　　95

第46招　运动品牌李宁如何进行微信营销　　　　97

第4章

社群营销

第47招　移动互联网时代，不可或缺的社群营销　　102

第48招　构建社群需要明确的五大问题　　　　　104

第49招　如何为社群找到种子用户　　　　　　　106

第50招　吸引用户加入社群的几大渠道　　　　　108

第51招　社群意见领袖的发掘与打造　　　　　　111

第52招　如何提升群内活跃度，让成员主动发声　112

第53招　如何让用户尽快喜欢上你的社群　114

第54招　如何维护群内秩序，快速处理负面和广告信息　116

第55招　如何对社群用户进行分层管理　118

第56招　如何通过社群快速引爆传播　120

第57招　如何通过QQ群有针对性地扩散信息　122

第58招　如何针对社群用户推出线下主题活动　124

第59招　餐饮连锁品牌"霸蛮"的社群玩法　126

第5章

微博营销

第60招　新媒体时代微博营销过时了吗　130

第61招　做好微博营销的五大妙招　132

第62招　如何设置粉丝喜闻乐见的微博账号　135

第63招　如何建立微博营销矩阵　137

第64招　如何创作一条热门微博　139

第65招　如何通过微博进行产品的宣传和推广　141

第66招　举办微博活动有哪些积极的意义　142

第67招　微博活动有哪些常见的类型　143

第68招　微博活动要注意的六个关键点　145

第69招　如何借助微博红人引爆传播　148

第70招　微博营销要避免的五种做法　150

第71招　海尔如何把握微博营销的"脉门"　153

第6章

二维码营销

第72招　二维码，营销的"金钥匙"　158

第73招　向用户提供充足的扫码理由　159

第74招　如何设计出有特色的二维码　161

第75招　二维码营销推广的渠道　163

第76招　二维码推广容易出现的问题　166

第77招　肯德基是如何进行二维码营销的　167

第78招　林氏木业：用二维码打通线上线下营销　170

第7章

APP营销

第79招　APP营销的优势　176

第80招　APP的五大营销模式带来丰厚利润　177

第81招　APP推广渠道有哪些　179

第82招　如何筛选APP推广渠道　182

第83招　提高APP下载量的几种方法　185

第84招　APP消息推送会产生什么样的影响　186

第85招　如何写出吸引人的APP推送文案　188

第86招　如何提升推送消息的送达率和点击率　190

第87招　Keep是如何把握用户核心需求的　192

第8章

微视频营销

第88招　微视频营销的四大优势　　　　　　　　　　　　198

第89招　微视频营销要解决哪些问题　　　　　　　　　　200

第90招　拍出优质微视频的5大技巧　　　　　　　　　　201

第91招　微视频如何实现病毒性传播效果　　　　　　　　203

第92招　Vlog营销有哪些新的思路　　　　　　　　　　206

第93招　苹果的微视频营销：触动用户的内心情感　　　　208

第94招　饿了么："明星＋微电影"为品牌赋能　　　　　210

第9章

自媒体营销

第95招　自媒体营销有哪些独特的优势　　　　　　　　　216

第96招　企业自媒体的运营思维　　　　　　　　　　　　217

第97招　今日头条，强大的宣传推广阵地　　　　　　　　219

第98招　百家号，打造多元营销生态　　　　　　　　　　222

第99招　做好内容初始化，构建品牌价值观　　　　　　　223

第100招　自媒体如何摆脱"内容同质化"　　　　　　　　225

第101招　彩妆品牌"完美日记"的自媒体营销思路　　　　226

第1章
新媒体
营销入门

第
1
招

第
9
招

社会化传播时代与新媒体营销

伴随着移动互联网的高速发展，媒体形态发生了很多变化，其中最引人瞩目的莫过于新媒体的崛起，它越来越深入大众生活的诸多方面。

新媒体以数字技术为基础，以移动互联网为载体进行信息传播，信息容量更大、实时性更强、交互性更好，成了区别于报刊、户外媒体、广播、电视这四大"传统"媒体的"第五媒体"。

借助新媒体，人们可以建立起属于自己的社会关系网络，与此同时，个人创造并传播内容的能力也得到了空前提升，社会化传播的新时代开启。

在这种大趋势下，企业应当以新媒体平台为新的传播渠道，将品牌文化、产品功能和价值等信息传递给目标受众，并让受众产生好感、形成记忆，从而更好地实现宣传品牌、销售产品、维系客户群的目的。

那么，在进行新媒体营销时，我们应当特别关注哪些要素呢（图1-1）？

用户

新媒体营销的中心要素是用户。我们创造内容是为了向用户输出品牌和产品信息，寻找渠道则是为了让信息触达更多的用户，策划活动是为了

图1-1
新媒体营销关注的要素

激发用户的参与热情、提升用户留存率。也就是说，新媒体营销必须始终围绕用户进行，要培养用户对品牌的情感，扩大品牌的影响力，从而实现拉新、引流、留存、转化的目标。

因此，我们在进行营销之前，需要精准描绘用户画像，要弄清楚自己的粉丝是什么样的人，他们的核心需求又是什么，我们的营销工作才能有的放矢。这种用户画像的收集与分析工作，可以借助大数据及线下用户需求调研来完成，根据收集到的文本、行为、位置、视频、关系链等信息，我们可以按照具体的兴趣爱好、年龄地域、消费倾向等标签标示不同的用户，最终形成用户画像。

内容

新媒体运营的第二个要素是内容。在现今信息爆炸的时代，内容同质化的问题已经屡见不鲜，这主要是因为很多运营人员缺乏自己独立的视角和观点，盲目追求点击率，毫无底线地追逐、跟风热点信息，更有甚者会去抄袭、搬运别人的作品，由此生产出了大量没有实际意义的信息垃圾，不但无法吸引用户，还会破坏品牌形象，降低品牌价值。

为了改变这种局面，运营人员在策划内容时应当多做纵向的深入挖掘，要更精准地向用户提供更专业的内容，走出一条新颖、有特色的差异化创作道路。

与此同时，运营人员要经常提醒自己思考"给谁看"和"看什么"的问题。所谓"给谁看"，就是要定位自己的目标用户或者受众，要根据他们的需求生成相应的内容，而不能脱离用户想当然地生成内容；至于"看什么"则是要明确什么样的内容才能符合目标用户的需求，而用户获得这些内容后又会做出怎样的反应。只有理清了思路，我们才有可能不断产出高质量的内容。

渠道

新媒体营销不仅要重内容，还要重渠道，只有通过适当的渠道投放内容，才能让越来越多的用户看到，营销才能取得更加理想的效果。

具体来看，企业可以利用的渠道类型包括自有渠道（如企业自媒体、企业社群、员工个人渠道等）和付费渠道（如线上广告、媒体广告、户外广告等）两大类，这些渠道有各自的优劣势，企业应当根据实际条件合理选择。另外，企业也不能忽略"口碑宣传"这种隐形渠道，要想方设法打造良好的口碑，获得比付费推广更加有效的宣传效果。

互动

新媒体营销不能满足于单纯地向用户发布信息,而是要和用户建立连接、进行互动,从而能够拉近品牌与用户之间的距离,并能够更好地满足用户的个性化需求。这样用户才会对产品和品牌产生良好的印象,还有可能成为稳定、忠实的顾客群中的一员,为品牌的裂变传播贡献力量。

第2招
新媒体营销的优势

在新媒体营销飞速发展的今天,传统媒体营销受到了不小的冲击,很多企业及时升级思维,改变打法,投入了新媒体营销的怀抱。

那么,与传统媒体营销相比,新媒体营销有哪些显然易见的优势呢?

用户参与性更强

在传统媒体时代,企业一般是通过单方面的信息告知来进行营销传播的,消费者也习惯了这种被动接受信息灌输的方式,整个营销过程缺乏消费者的参与。

而在新媒体时代,信息空前泛滥,用户的决策成本上升,企业想要继续进行硬推广,显然是难以奏效的。所以企业要选择让目标用户参与其中——与用户积极互动,收集用户的反馈意见,再调整自己的产品设计、营销策略。当用户获得更加满意的产品和服务后,又会自动成为企业口碑传播的一个环节,不断向外扩散、影响。整个营销过程中,用户的参与度是极高的,这是传统媒体营销难以实现的。

营销成本更低

在传统媒体时代,企业想要吸引用户的眼球,常常要花费重金才能拿下电视台的黄金时段或是户外最引人注目的广告位，这一部分开支给企业经营带来了不小的压力。

在新媒体时代，企业只要花费少量成本，生成优质内容，便可吸引用户进行甚至免费的自传播；如果内容足够有创意，还有可能实现病毒式传播。因此很多企业都将营销的重心转入了新媒体，由此省下的一大部分营销成本可以用于改善生产经营，对于企业长远发展是非常有利的。

与用户的联系更加紧密

在传统媒体时代，企业通过广告、软文对用户进行狂轰滥炸，试图占领用户的心智，强行植入品牌形象，但用户真正的想法是怎样的，企业并不关心。这也导致企业与用户之间关系淡薄，用户对品牌的好感度、忠诚度较低。

在新媒体时代，企业可以给用户创造尽情表达的"舞台"，倾听用户的意见和建议，解决用户的疑问和不满，如此一来，用户的满意度更高，对品牌的依赖性更强，企业想要维系用户也会变得更加容易。

营销方式、手段更加多样

传统媒体时代的营销手段以"广而告之"为主，难以体现差异化。而在新媒体时代，借助发达的新技术和高速信息传播渠道，企业可以尝试更加新颖的营销方式，像病毒营销、口碑传播、社群营销、事件营销、情感营销等都可以成为新的营销思路。

不仅如此，企业还可以结合自身实际情况，进行创意营销，比如有的企业会通过新媒体向用户征集产品设计创意，一旦这些创意得到落实，企业也愿意和用户分享一部分利润，这样的营销方式不但激发了用户的热情，也为企业带来了源源不断的创意，可以说是一种合作共赢的营销方式。

营销效果更加显著

传统媒体时代的营销模式被称为"漏斗模式"，这是因为从消费者关注营销信息→对信息产生兴趣→对产品滋生渴望→发生购买行为→对品牌留下记忆的这一整条环节中，每向前推进一步，都会有大量用户流失，就像一个从顶部到底部直径逐渐缩小的"漏斗"（图1-2）。为了提升营销效果，企业只能不断追加投入，使营销信息覆盖更多用户，才有可能获得一定的销量，争取到一定的忠实用户。

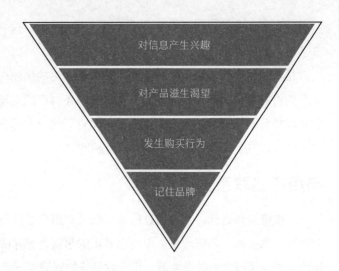

图 1-2
营销漏斗模式示意图

对信息产生兴趣

对产品滋生渴望

发生购买行为

记住品牌

但是在新媒体时代，这种"漏斗模式"就被完全颠覆了。企业完全可以从很小的核心人群（种子用户）着手，借助新媒体和用户的主动传播，实现信息的不断扩散，而且这种传播不受时间、空间限制，用户只要有一台能够联网的设备，就能够参与到营销过程中，营销效果远远好于传统媒体营销。

总之，与传统媒体营销相比，新媒体营销最根本的改变是从单向输出变为双向互动，并且大大提升了用户参与感，和用户之间的联系也越来越紧密，这样才能真正在用户的心中扎下根来。

第3招
新媒体营销的八大模式

新媒体营销具有内容多样化、渠道多样化的特点，而在模式创新方面，新媒体也让营销领域不断出现新的变革，让传统营销方法备受挑战。

那么，新媒体营销有哪些值得重视的新模式呢？

病毒营销

所谓"病毒营销"，就是让营销信息像病毒一样快速复制，再不断传播扩散到更大人群的营销模式。在新媒体的加持下，病毒营销的扩散范围会直线上升，而运营人员要做的是创建有感染力、爆炸性的创意传播内容，使用户容易受到"感染"，愿意自发地进行宣传；而我们可以继续推波助澜，借助新媒体将信息广泛传播出去，直到形成裂变效果。

事件营销

事件营销具有投入少、回报高的优点，借助新媒体的传播效应，事件营销还能快速引发目标群体的关注和讨论，有可能在较短时间内引爆市场。当然，要达到这样的效果，需要运营人员做好清晰的受众定位，知道什么事件最有可能成为"爆点"。而且事件营销具有不可控性，所以运营人员要有明确的目标，并要始终把控传播的方向，避免用户产生疑虑和争议。此外，事件营销一定要找准最佳传播渠道，比如针对年轻用户的事件营销适合通过抖音、微博传播，针对中老年用户的事件营销则适合通过朋友圈、微头条传播。只有选对渠道，事件营销才能获得事半功倍的效果。

口碑营销

新媒体放大了口碑营销的传播效果，好的口碑能够在短时间内名扬千里，不好的口碑也会通过新媒体渠道迅速蔓延，所以企业一定要重视做好口碑管理。不妨安排专人进行新媒体信息监测，以便及时了解用户对产品、服务、品牌的看法，并要做好危机预案，以便在负面口碑刚出现迹象时就能采取行动，控制舆情，避免负面口碑进一步扩散。

饥饿营销

饥饿营销是企业有意调控产品供应数量，或是故意限制购买时间段，制造"供不应求"的场面以激发用户的购买欲望。在新媒体时代，我们可以通过各种渠道讨论产品的"稀缺"和"抢手"程度，让用户被深深吸引，饥饿营销的效果也会倍增。这种饥饿营销还可以用于直播销售现场，主播不断播报产品剩余数量，并着意强调"限时""秒杀"等字眼，用户会产生出一种紧迫心理，会在"稀缺效应"的推动下，迫不及待地抢购数量有限的产品。

IP营销

在传统媒体时代，品牌给用户的感觉是冰冷、空洞的，它们存在的唯一目的似乎就是获取商业利益。而在新媒体时代，品牌与用户直接沟通的机会越来越多，在用户看来，品牌也变得越来越有人情味以及独特的个性，这个过程就是在完成品牌的IP形象塑造，使品牌逐渐人格化，更容易俘获用户的心。

情感营销

进入新媒体时代，用户的消费理念已经从单纯追求价廉物美发展为满足更感性、更复杂的需要。我们在进行营销推广的过程中，也不必总是孜孜不倦地兜售产品，而是要从用户的感性需求出发，凸显情感、情怀、梦想、激情等要素，引导用户产生情感的共鸣，让用户对品牌产生好感和依赖，并有可能长期忠诚追随。

会员营销

很多企业会用会员制度来维护用户，提升忠诚度，随着网络技术的进步和新媒体的发展，会员制度也有了新的发展，比如企业可以利用大数据分析会员偏好，使产品设计和营销推广变得更有针对性，也可以通过各种新媒体渠道，以低成本开发更多的新会员；另外，企业可以通过新媒体和会员顺畅互动，并向会员提供差异化的增值服务，不仅有助于提升会员活跃度，还可以激活沉睡会员。

联合营销

进行新媒体营销，我们还应当抛弃单一品牌单打独斗的过时思维，代之以更加包容的平台思维、跨界思维，积极地与其他品牌、企业和IP合作，并交换或联合彼此的资源，合作开展营销活动，以创造竞争优势。

这种联合营销也可以称为借势营销，是借助对方的人气、资源、渠道等，以较少的成本获得较大的营销效果，达到单独营销无法实现的目标。

第4招
新媒体营销的主流平台

进行新媒体营销时，企业应当根据自身的品牌定位、产品属性选择适当的平台，这样才能起到事半功倍的效果。

虽然新媒体平台层出不穷，数量众多，常常会让运营人员有"挑花眼"的感觉，但主流平台实际上可以分为以下几类（图1-3）。

社交平台

当前最重要的社交平台有微信、QQ、微博等，借助这些平台，企业能够构

图1-3
新媒体平台分类

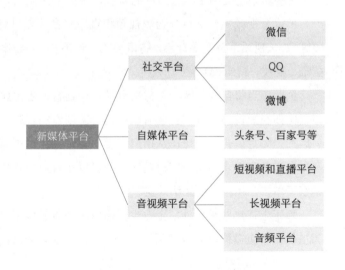

建基于关系链的营销体系，营销成本低，营销效果好，还有可能实现裂变传播。

在具体操作时，企业应当利用好平台的各种工具，充分发挥其强大的流量优势。比如在微信进行营销推广，企业可以通过公众号的内容和活动吸引用户关注，也可以借助个人号更好地为用户提供服务，还可以在微信群中进行社群运营，拉近与用户之间的距离。与此同时，微信丰富的广告资源也不容忽视，企业可以通过朋友圈、公众号，或在广点通投放软广、硬广，进行产品和品牌的精准推广。

自媒体平台

自媒体平台是用户自行创作、分享内容的传播渠道，因为其自主性、大众化的特点，受到了用户的强烈欢迎，也聚拢了巨大的流量，吸引了很多企业的目光。目前主要的自媒体平台有字节系的头条号、百度的百家号、腾讯的企鹅号、UC的大鱼号、网易的网易号等。另外，知乎、悟空问答、百度知道等问答平台以及豆瓣、天涯、百度贴吧等论坛平台也可以归入自媒体平台的范畴。

在自媒体平台进行营销推广，我们一定要把握好平台的调性，并要遵守平台的规则，持续创作优质的内容，才能获得更高的曝光率，能够进入更多用户的视野。当然，企业也可以选择与有经验的自媒体人合作，请他们创作营销软文，通过各自的账号进行传播，也能够取得不错的营销效果。

音视频平台

音视频平台受到了年轻用户的喜爱，也成了企业营销推广不可错过的阵地之一。主流音视频平台又可分为短视频和直播平台（如抖音、快手、火山、西瓜视频等）、长视频平台（爱奇艺、腾讯视频、芒果TV、优酷等）、音频平台（如喜马拉雅、荔枝、蜻蜓FM等）几大类。

企业应当将自身品牌特色与平台特点相结合，走出属于自己的音视频营销新路。比如在短视频平台，企业可以借助自主创作的视频推广品牌，也可以在视频前后加上贴片广告，还可以从用户角度出发，制作短视频答疑解惑。企业也可以在平台进行直播，与用户即时互动，并可以在直播中宣传产品价值点，引导用户踊跃下单，产生巨大的经济效益。

除了上述这些平台外，企业也不能忽略垂直领域平台的作用，这些平台的流量虽然比不上微信、微博等顶级平台，但目标受众非常清晰，能够为企业提供精

新媒体营销101招：
内容运营＋引流技巧＋营销推广

准用户。比如面向女性群体的小红书，面向年轻父母的宝宝树、妈妈帮，面向旅游爱好者的马蜂窝等都属于此类，企业如果能够把握好这些垂直平台，也能获得非常可观的转化率。

第5招
新媒体平台的变现模式

随着新媒体的蓬勃发展，越来越多的个人和企业主动入驻新媒体平台，凭借各自的优势收获了不少流量，也产生了可观的经济效益。那么在新媒体平台上，内容到作者主要的变现模式有哪些呢（图1-4）？

广告分成

新媒体平台会在优质内容中接入广告，再将广告收入按照一定的比例分给创作者，这种变现模式就是广告分成。分成的多少与内容质量高低、互动数据好坏、用户停留时间长短有很大的关系，越是火爆的内容，越能获得可观的分成。

图1-4
新媒体平台的变现模式

平台补贴

为了激发创作者的热情，新媒体平台也会出台一些扶持政策，对持续创作优质内容的创作者给予奖励。比如头条号曾经有"图文青云计划"，对优质图文进行扶持，创作者每月首次获奖可获得1000元奖金，再次获奖可获得300元奖金，该项扶持政策吸引了很多专业创作者踊跃参与，也为平台贡献了一大批优质内容。与此同时，百家号也推出了"金芒计划"，企鹅号则推出了"春雨计划"，这些内容扶持计划也成了平台的一种变现模式。

自营广告

平台对优质创作者开通自营广告权益，创作者可以放弃平台投放的广告，转而在内容中插入自己的广告，进行品牌宣传、活动介绍、APP下载等不同形式的推广，获得远超过广告分成的可观收入。

粉丝打赏

创作者开通了"图文赞赏"功能后，能够获得用户给予的奖励，具体金额由粉丝自己决定。另外，直播平台也设有用户打赏机制，用户充值虚拟货币后，可以到自己喜爱的主播的直播间打赏礼物，这会让自己在排行榜上的名次得到提升，该直播间也会更受人瞩目。

内容付费

在新媒体时代，人们获取信息比过去更加容易，但想要获得高价值的精品知识却比较困难。在免费信息内容重复性高、价值低的情况下，用户是愿意为精品内容付费的，很多平台也开放了内容付费项目，比如付费学习的图文专栏、收听的音频、点播观看的视频等，这些内容付费板块也成了一个变现的窗口。

电商变现

新媒体平台也为电商变现提供了不少途径，比如通过新媒体平台上的内容挂载商品，将用户导流到淘宝、京东等电商平台购买商品；再比如通过直播平台的音视频体验更好地展现产品性能，吸引用户下单购买；此外，部分新媒体平台也有自己的电商平台，如头条的"头条小店"、百家号的"度小店"、微信的"微店"等，用户可以在这些平台上直接完成交易，无需跳转到第三方电商平台。

了解了上述这些变现模式后，企业显然应当更加关注自营广告、电商变现这些模式，要尝试将内容运营、引流推广、产品销售完美结合，以获得更好的推广效果和更高的转化率。

第6招
如何布局新媒体营销

在对新媒体营销模式、平台特点有了清晰的认知后，企业可以做好自己的新媒体营销布局，通过多种渠道的有机组合，实现高效传播推广，让营销信息能够精准触达目标受众。

在这个过程中，企业应当注意做好以下几方面的工作。

研究用户偏好

选择什么新媒体平台、采用什么样的营销策略，不应由企业"一厢情愿"地决定，而是要参考目标用户的行为、分析目标用户的偏好，得出布局新媒体的依据。

比如，企业可以研究用户的浏览习惯，看看用户是从音视频平台、自媒体平台、社交平台、资讯APP中的哪个渠道看到产品或品牌信息的；企业也可以研究用户的搜索习惯，看看用户是通过搜索哪些关键词来了解产品的；企业还可以研究用户的交易习惯，看看用户是从哪个电商平台购买产品的，之后有没有复购行为。凡此种种信息，都可以为企业的营销布局指明方向。

进行营销规划

掌握了用户偏好后，企业可以由此出发进行营销规划。首先，企业要确定营销针对的主要人群的信息，要了解他们的需求，找出他们的痛点，以确定之后内容创作的大致方向；其次，企业要确定营销推广的主要和次要渠道，做好人、财、物的投入规划，争取以最小的投入获得最大的推广效果；最后，企业还要确定自己准备采用的营销模式和营销手段，以实现差异化营销的目的，不断增加产品触点，打造网络口碑。

制定营销方案

有了初步的营销规划后，企业还可以制定细化的营销方案，让营销推广工作能够进行得更加顺利。

比如某企业打算布局新媒体营销矩阵，具体的方案包括微信公众号推广、微博推广、QQ推广、百度贴吧推广、论坛推广、搜索引擎推广、新闻媒体网站推广、短视频平台推广这几部分。具体到每一部分，该企业又有更加细致的方案，比如QQ推广包括群发信息、自动留言、群发邮件、QQ空间营销、QQ社群营销等方案，每一种方案都有独特的执行办法，这就使得企业的营销内容和营销手段变得更加多元化，也更加灵活，能够满足用户的不同需求。

企业可以按照这样的办法，完成新媒体营销矩阵布局，做到多平台协同传播，不断放大宣传效果，提升对用户的影响力，营销效果也会不断升级。

第7招
新媒体环境下的品牌传播变革

传播学家沃纳·赛佛林曾经这样总结新媒体环境下的传播变革："我们正在从将传播内容灌输给大众的泛传播转变为针对群体或个人的需求设计传播内容的窄传播……我们正在从单向的媒介转变为互动的媒介。"

的确，新媒体改变了用户接触信息的方式。如今的用户见识越来越广，话语权越来越大，再加上市场竞争日趋激烈，这些都会影响到企业的品牌传播策略。品牌传播也不应依赖于产品形象、服务质量和广告宣传，

新媒体营销101招：
内容运营+引流技巧+营销推广

而是要让品牌与用户成为"共同体"，并最好能够融入用户的生活，与用户建立深度关联，才能将竞争对手排除出用户的选择范围。

品牌传播变革迫在眉睫，而以下几点需要引起企业的高度重视。

围绕"人格化"重塑品牌

所谓"人格化"，就是将用户对品牌某些特质的看法转化为人性化的特征，使品牌能够以"人"的形式与用户持续互动。在新媒体时代，人格化的品牌能够发挥出自己的社交属性，赢得用户的喜爱。

所以我们需要对品牌进行重塑，从形象、性格、角色等方面凸显"人格化"，比如零食品牌三只松鼠的人格化特征是可爱、卖萌、幽默；汽车品牌奔驰的人格化特征是高贵、成熟、稳重。这些特征让品牌在用户心中有了丰满、生动的形象，当用户与品牌发生互动时，也会不由自主地认为自己是在与性格鲜明的个体发生对话，自然会觉得更加亲切。

从价值观角度切入传播

在新媒体时代，用户每天都要面对海量的营销信息，不可能记住每一个品牌，所以企业应当减少同质化的广告宣传，同时要深入精神层面，从品牌价值观切入传播，让品牌精神、品牌理念在潜移默化中感染用户，得到用户的认同。

比如华为在德国进行品牌传播时，推出了微视频《一切皆在你手中》（It's in Your Hand），这支微视频时长不到2分钟，却讲述了一个非常动人的故事：男孩在树林里发现了一只神奇动物，本欲用手机拍照上传，让自己也能在网络上走红一把，可在一番美好的想象后，男孩忽然意识到小动物可能会因为这次拍照被人类捕获而失去自由，于是男孩忍痛选择"delete"，删除了这张宝贵的照片。故事虽然简单，却体现出了华为尊重、理解、博爱的品牌精神，赢得了用户的普遍好感，这就是一个价值观传播的典型案例。

注重互动交流

"无互动，不营销"，这一点在新媒体时代更是应当获得企业的重视，我们必须以用户为中心，增加品牌与用户互动的机会，并要鼓励用户为品牌发声，使用户能够产生"我也是构建品牌一分子"的感受，这不仅能够提高信息的传播效果，还能够培养用户对品牌的忠诚度。

积极拥抱年轻消费群体

随着90后、00后逐渐掌握消费市场，无数品牌将目光瞄准了年轻群体，研究他们的特点，了解他们的喜好和需求。在品牌传播方面，我们也要进行年轻化的改变，不能自说自话、想当然地传播，而是要用年轻人最喜欢的方式进行交流，并要着重突出品牌特质中符合潮流价值观的元素，如自由、独立、个性、真实、接地气、敢于自嘲等，只有这样，才能赢得年轻用户的喜爱。

打破常规套路

在进行品牌传播时，我们还要积极地打破一些陈旧的套路，以满足用户追求个性、追求新奇的心理。比如我们可以利用反差感对用户进行强刺激，使用户产生深刻的印象。像喜力啤酒就曾经用一支"性别错位"广告片引发了传播的热潮。在广告片中，女性消费者为自己点了啤酒，但服务生却在性别刻板印象的影响下，自以为是地做了决定——为女性送来了装饰漂亮的鸡尾酒；在另一幅画面中，想要喝鸡尾酒的男性却得到了啤酒。这样的"错位"让用户在哑然失笑后陷入了深深的思考，与此同时，用户对喜力追求开放、平等的品牌价值观也有了新的认识。

总之，"用户是品牌的主人"，企业应当始终牢记这一点，多倾听用户的声音，在品牌推广过程中强化用户视角，才能适应新媒体环境带来的变革，为品牌带来更大的生存和发展空间。

第8招
新媒体环境下品牌营销存在的问题

新媒体环境为品牌营销带来了新气象、新变革、新发展，但很多企业却面临着营销体系不完善、投入不合理、资源和人才匮乏等多种问题。对此，企业应当引起足够的重视，并要采取相应的对策，才能适应新媒体时代的品牌营销新规则。

具体来看，品牌营销存在的问题主要表现在以下几个方面。

企业对新媒体营销的价值认识不足

在新媒体时代，品牌营销思维应当及时升级，但很多企业还没有做好这样的准备，没有认识到新媒体营销能够带来的巨大价值，也没有足够的耐心去新媒体平台布局营销。再加上新媒体运营也不是一蹴而就的事情，在最初的一段时间里，很有可能会遇到粉丝增长速度慢、内容数据表现不佳、传播效果不理想的情况，这也会让企业负责人对新媒体营销失去信心。对此，企业负责人应当转变陈旧的观念、调整落后的认知，要敢于尝试新鲜事物，还要客观看待新媒体营销能够带来的长远利益。只有借助新媒体做好企业品牌建设和品牌传播，才能为企业在未来赢得更大的发展机遇。

缺乏系统完善的营销体系

和其他营销方式一样，新媒体营销也有自己的体系和规划，不能想当然地随便找到一些平台发内容、搞活动，这种做法只能算是"盲目推进"，整个营销环节是无组织、无计划的，营销效果的好坏也是无法衡量的。

企业也不能完全照搬照抄别人的办法，因为那不一定适合本企业的实际情况，很有可能会把品牌营销带入歧途。

因此，企业应当制定系统的战略，根据自身品牌定位、企业发展现状、未来发展目标等因素找到一套专业、系统的营销打法。

缺乏专业新媒体人才

企业新媒体营销的布局、执行都离不开专业的优秀人才，而很多企业却缺乏这方面的人才储备。有的企业对此又不够重视，往往会随意挑选一些员工组成新媒体事业部，但是这些员工缺乏相关专业知识，对新媒体运营的很多细节不熟悉，工作难以产生成效，有时还会出现不必要的失误，导致品牌形象受损。

因此，企业必须吸收或培养一批新媒体营销人才，所谓"专业的人做专业的事"，这些专业员工对新媒体营销环节非常熟悉，自身也有比较先进的理念，能够让企业的新媒体工作快速走上正轨。

对新媒体营销的投入不合理

我们都知道新媒体营销的成本远低于传统媒体营销，但这并不意味着企业就可以不做任何投入。事实上，进行新媒体营销，有一些成本是不能节省的，比如企业要招募专业的新媒体人才，要组建优质的内容团队，要对内容进行必要的推广等。而且企业在进驻一些大平台时也需要缴纳一定费用才能注册企业账号，享受更多权益，凡此种种都属于合理的投入，对此企业需要做好营销成本规划，让新媒体营销能够顺利地进行下去。

尽管新媒体品牌营销还存在这样或那样的问题，但企业应当对这种营销大趋势充满信心，要利用好媒体资源，通过细致周密的规划、合理的投入，不断拓宽品牌传播的渠道，增强品牌与用户之间的交流与互动，而这将带给企业不可估量的实际利益。

第9招
新媒体品牌营销策略

新媒体环境日新月异，企业应当探索出适应新传播环境的有效路径，不断完善品牌营销策略，提升品牌竞争力和影响力，才能获得长久发展。

针对品牌传播面临的各种问题，企业可以用以下这些策略合理应对。

精准化传播策略

在新媒体环境下，借助发达的技术我们可以更加精准地锁定个体目标用户，完成信息数据收集、存储、分析的工作。用户的浏览偏好、搜索习惯、购物行为等数据都将清楚地展现在我们眼前，我们还可以据此推演用户在未来的行为倾向，因而能够为精准化的品牌营销工作指路。比如某美妆品牌通过大数据得知目标用户是重视美容、保养的爱美达人，喜欢浏览

新媒体营销101招：
内容运营+引流技巧+营销推广

小红书上的内容，行为也非常活跃，该品牌就可以在小红书上展开集中推广，并可以采用名人示范、话题推广、活动营销等手段对品牌进行宣传，精准营销的效果就会非常理想。

个性化传播策略

在这个张扬个性的新媒体时代，每个用户都有自己独特的个性特征，也有对信息的独特需求，我们在制定品牌传播策略时需要顺应这种需要，让内容、渠道、反馈都能体现出"个性化"。

比如我们可以将目标用户进行分类，为不同的人群打造更符合他们口味的个性化内容；在内容方面，我们可以采用不同的语言表达风格，设计不同的互动环节，使内容更容易受到用户的欢迎；而在传播渠道方面，我们也要考虑各渠道主流受众的偏好，在推广时可以采用不同的创意素材和差异化的传播形式，达到更理想的传播效果。

线上线下整合传播策略

虽说新媒体营销与传统媒体营销相比具有更多显而易见的优势，但这并不意味我们就要彻底放弃线下的传统媒体营销。事实上，最理想的传播策略应当是整合线上、线下渠道，进行全媒体营销。这样既能发挥线上新媒体速度快、传播力度大、互动性强的优点，又能结合线下传统媒体专业性强、见效快、能够大幅提升品牌形象和知名度的优势，还能让企业拥有的线上、线下资源都能得到充分利用，可谓一举多得。

也就是说，线上、线下的品牌营销不但不是相互孤立的，还是相互促进的，企业可以利用品牌在线下的影响力，推动线上的传播效果；也可以将线上吸收的新用户，引导到线下的实体店，让用户更加直观地感受品牌的实力。如此线上线下同时发力进行品牌营销，不断提升品牌知名度，加强与用户之间的联系，会让品牌深入用户心中，有助于缩短用户的购买决策过程，也能够提升用户忠诚度，更可为企业带来可观的经济效益。

第2章
短视频营销

第
10
招

———

第
28
招

顺应5G时代潮流，发挥短视频营销优势

新媒体营销的发展离不开通信技术的一次又一次进步。从2G到3G、4G，信息传输的速率不断提升，带来了移动互联网的发展和繁荣，我们的沟通方式和营销模式也发生了改变。

在4G时代末期，以视频形式生产的内容越来越受到用户的欢迎。进入5G时代后，信息传输速率倍增，传播时延大大降低，不但能够更好地满足通信需求，还能大大改善视频显示效果，过去一度困扰企业的视频卡顿、延迟等问题都得到了很好的解决，超高清技术、增强现实技术、虚拟现实技术的应用更是让用户有身临其境的感受。

在这种情况下，人们自然会将视频作为主要的沟通方式和消费形式，而短视频拍摄成本低、营销手段灵活多变、内容丰富有趣，能够吸引用户的注意力，必然会成为营销传播的首选形式（图2-1）。

图2-1
形形色色的短视频平台

具体来看，短视频在营销方面的优势主要体现在以下几点。

互动性强

用户看到有趣的或是有真情实感的短视频时，会自然地留下评论，还会点击分享到朋友圈、微博等平台，不但能够促进营销信息的广泛、高速传播，还能满足用户的表达欲望。企业也能够从用户的意见和建议中收集有用的信息，可据此了解营销效果，改进营销策略。

拍摄成本低

短视频篇幅短小，拍摄和后期制作的难度较低，在要求不高的情况下，用手机拍摄，再用一些剪辑软件处理即可。与高大上的广告宣传片相比，"接地气"的短视频花费的成本极低，这也是短视频营销的一个显著优势。

用户体验好

短视频能够填补用户的碎片化时间，抢占用户的注意力。在观看短视频的时候，用户会完全沉浸于搞笑的段子、丰富的画面、富有节奏感的音乐中，能够获得文字、图片无法带来的感官体验。如果企业能够在短视频中巧妙融入营销信息，用户也更容易接受，而且不会轻易遗忘。

购买环节方便

短视频与传统电商相结合，能够搭建出"人"与"货"自然沟通的场景。用户可以通过主播的展示和介绍，更好地了解产品功能，增加对品牌和产品的信任感，有助于提升转化率。

当用户产生了强烈的购买欲望时，短视频平台也提供了方便的购物途径——比如在抖音平台，用户只要点击"购物车"图标，就能查看主播正在推广的产品，再点击"去看看"，就会跳转到电商平台的商品详情页，用户可以自行决定是"加入购物车"还是"立即购买"，整个环节是非常方便、快捷的。

总而言之，在5G时代，以图文为主要载体的传播形式将逐渐转换为更加生动、灵活的视频传播形式。企业也应当顺应视频化、社交化、带货化的潮流趋势，用短视频营销赢得目标受众的青睐和欢迎。

第11招
深度解析短视频让人上瘾的内在逻辑

　　新媒体的出现，改变了过去单一的信息传播模式，也极大地丰富了人们的业余生活。在形式多样的新媒体中，短视频的魅力不可小觑，它让很多用户深深沉迷，有的用户甚至对短视频严重"上瘾"，每天花在刷视频上的时间超过了工作、学习和休息的时长。

　　短视频为何会让用户欲罢不能呢？这背后藏着心理学方面的内在逻辑。

　　美国心理学家斯金纳在1938年进行了"斯金纳箱"实验，为我们揭开了"上瘾"的秘密。他精心设计了一个箱子，内部有杠杆机关、食槽、照明小灯等装置。在进行实验时，斯金纳挑选了一只健康活泼的小白鼠，把它放进了箱子中。最初，小白鼠在箱子里跑来跑去，表现得非常活跃。可是过了一会儿，它觉得十分饥饿，想要找东西吃，但跑遍了箱子，也没发现一点食物。偶然间，小白鼠的爪子按到了杠杆，产生的力触动了机关，释放出一个食物球。食物球掉进了食槽，小白鼠赶紧爬上去，吃掉了食物球。又过了一会儿，小白鼠又饿了，它像之前一样在箱中探索起来，然后又一次触动杠杆，又得到了一个食物球。若干次后，小白鼠终于弄明白了一点：自己只要触动杠杆，就会立刻获得相应的奖励——食物球，所以它会有意而积极地按压杠杆。后来，斯金纳调低了食物球掉落的概率，每次按压杠杆不一定会掉出食物球，但小白鼠的积极性却变得更高了，它会不停地按压杠杆，表现出了一种类似"上瘾"的行为。直到斯金纳拿走了所有的食物球，小白鼠连续按压了几十次都一无所得，它才会逐渐放弃做这个动作。

　　基于大量类似的实验，斯金纳提出了"强化原理"，即结果会对行为产生强化作用。比如奖励（即食物球）对小白鼠就产生了"正强化"作用，为了继续获得好的结果，它会将这种行为巩固下来。

新媒体营销101招：
内容运营＋引流技巧＋营销推广

短视频上瘾问题就可以用"强化原理"来解释。一方面，用户在刷短视频的时候，每滑动一次屏幕，都能获取一个新的视频，能够给他们带来不同程度的愉悦感，这是一种典型的"正强化"，会让他们不由自主地"刷"下去，想要看到更多视频。另一方面，各大平台也有自己的推荐算法，会根据用户的浏览偏好、互动情况等数据，向用户推荐他们更感兴趣的短视频，而这无疑会让"正强化"作用进一步加剧，使得用户逐渐产生上瘾的情况。

了解了短视频背后的心理机制后，企业在制作、发布短视频时应当注意做好以下几点。

控制短视频的时长

我们都知道，短视频的时长不宜过长，否则会给用户带来一定的心理压力，而且用户的专注力也持续不了太长的时间，所以抖音才会设计15秒的视频时长，以紧紧地抓住用户的注意力。

但这并不是说视频应当越短越好，而是在提醒我们要注意精简画面，要在最短的时间内完整地表达内容，向用户传递我们想要传递的信息。

合理分配短视频内容

短视频时长虽短，也要注意合理分配内容，才能让用户在观看时始终保持浓厚的兴趣，而不会提前结束播放。为此，我们应当把握好"黄金5秒"，也就是要在短视频的前5秒将用户的痛点问题阐述清楚。比如手机企业可以在短视频一开头直接告诉用户："2000元能不能买到性价比超高的手机？"或是"只用7分钟，能不能将电量充到100%？"这样的开头就是从用户的痛点着手设计的（用户渴望购买性价比高的手机，渴望解决手机充电慢的问题等），所以能够让用户产生深入了解的兴趣。

在黄金5秒之后，我们还要注意把握短视频的节奏，要让画面有连续感、紧凑感，并要将视频的精华内容快速呈现完毕。

提升用户感官体验

在精心安排内容的同时，我们还可以从提升视听体验入手留住用户。比如可以采用有震撼力的视觉效果、优美大气的场景、高颜值的模特等，还可以加入节奏感较强的配乐或个性化的音效，让用户不由自主地受到吸引。

除了上述几点外，在视频的结尾我们还可以设计一些转化环节，引导用户点赞、收藏或关注，有助于实现用户数量可持续增长；我们也可以留下发人深省的反问，吸引用户进行评论，有助于提升短视频热度。

第12招
如何摆脱短视频营销的误区

短视频营销效果好、门槛低，吸引了很多企业的注意，其中不乏一些知名的传统企业和国际化的大企业。但是在实际操作时，不少企业却遇到了重重困难，有的企业还走入了误区，白白花费了时间和成本，却没有取得理想的营销效果。

这也提醒了我们，想要进行短视频营销，一定要做好提前规划，并要了解一些常见的难题和误区，才能减少走弯路的可能。下面，就让我们看一看企业在进行短视频营销时容易走入哪些误区。

不了解各大平台的特点和规则

有的运营人员没有了解平台规则，就直接发布短视频，很容易触发平台处罚机制，导致视频被限流，严重时甚至会被封号。为了避免这样的情况，运营人员必须先学习各大平台的特点、规则，为每一个平台做好内容发布规划，才能获得更多的流量。

不仅如此，运营人员还应随时关注平台官方信息，以便及时了解最新功能、最新政策，再适当调整自己的营销策略。另外，平台会不时推出一些官方活动，我们也要积极参与，以便获得更大的曝光量。

只求数量，不重视内容质量

有的企业进行短视频营销，常会犯"重数量不重质量"的错误，以为短视频发布得越多，就越容易进入用户的视野，能够产生更好的营销效果。可事实上，低质量的短视频难以获得平台的推荐，即使发布数量再多，获得的流量也很有限，而且用户看到这些粗制滥造的视频后，对品牌和产品无法产生良好的印象，这对于企业来说是得不偿失的。因此，企业一定要用心打磨内容，争取出精品、出爆品，才能实现涨粉、变现的目的。

另外，如果企业想要在视频内容中加入卖点，也不能过于粗暴、直白，而是要用巧妙的手法将有代表性的卖点放大到极致，充分凸显其价值，才能对用户产生较强的说服力。

不了解用户的喜好和需求

企业进行短视频营销，最忌不考虑用户的喜好和需求，随意发布一些自己觉得高大上的作品，这种自嗨式营销是无法打动用户的。

想要赢得用户的认可，运营人员应当下功夫收集目标用户的数据，了解他们最喜欢观看什么样的短视频，会被哪些元素打动而留下评论，又会在什么因素的激励下愿意转发分享等，运营人员可以从这些方面出发去创作内容，就不会总是遭遇"冷场"。

运营人员还可以多观看一些同类企业发布的热门视频，注意总结这些视频在选题策划、拍摄、后期处理、标题、文案等方面有哪些独到之处，再将其吸收到自己的作品中，但是一定不能完全模仿别人的风格，而是要形成自己的特色，才能给用户留下深刻的印象。

不重视与用户互动

有的运营人员在创作短视频时费了很多心思，但却没有处理好与用户互动的细节，用户留下了精彩的评论，或是转发了短视频，运营人员却不为所动，没有给予用户及时的反馈。这难免会让用户失去进一步互动的热情，有时用户还会觉得自己没有获得足够的尊重，会对品牌失去好感。

为了避免这样的情况，运营人员一定要改变消极、冷漠的做法，不能对用户不理不睬，而是要真诚感谢用户的认真评论和转发，并可以精选一些评论给予相应的奖励，这会成为一种良好的激励，会推动用户更加积极地进行互动，而短视频也会因此变得更加火爆。

盲目追逐热点

紧跟热点是短视频营销的一种常见思路，但是运营人员不能盲目实施，如果不加选择，什么热点都跟，很容易造成反效果。比如有的热点信息比较敏感，或是具有较强的争议性，运营人员不假思索做了一期视频，却招来了平台处罚，还引起了一部分用户的强烈反感；再如一些热点信息有低俗化之嫌，运营人员把握不当的话，也会对品牌形象造成严重损害。

因此，运营人员要谨慎跟热点，不要看见热点信息就一哄而上，而是应当先做分析，从时效性、目标受众喜爱度、传播度、风险度等多个维度衡量和判断热点信息的价值，再提炼出信息的"爆点"，加入自己的独特创意，便可创作出用户喜闻乐见的优质、爆款视频。

第13招
如何组建一支高效短视频创作团队

想要制作出高质量、高传播度的短视频，并能够保证较高的更新频率，企业很有必要组建一支高效的短视频创作团队，而这应当首先从定好团队成员的角色开始。

一般而言，短视频团队内部至少应当包括以下几种角色（图2-2）。

编导

编导相当于短视频的导演，他需要负责确定短视频的风格、内容方

图2-2
短视频团队的人员构成

新媒体营销101招：
内容运营＋引流技巧＋营销推广

向，并要对每一条短视频的内容进行策划，再做好镜头脚本。不仅如此，他还需要统筹整个拍摄计划，在团队有需要的时候，他也能够帮助完成拍摄、剪辑、包装工作。也就是说，编导应当是一名全能型人才，也是短视频团队的灵魂人物。在他的主导下，短视频制作和推广的难度都会有所降低。

摄影师

摄影师对于短视频团队也十分重要，经验丰富的摄影师不但精通分镜头设计、布光运镜和道具把控方面的专业技巧，还能对制作流程提出良好的建议，并能够协助剪辑更好地完成工作，因而能够降低短视频制作的整体成本。

剪辑人员

剪辑人员不光要负责后期的剪辑、包装工作，还要积极地参与整个制作过程，特别要注意与编导和摄影师加强沟通，这样才能充分了解镜头语言想要表达的内容，能够剪出效果理想的成片——可以在最短时间抓住用户的眼球、直击用户的痛点。

运营人员

运营人员也是短视频团队中非常重要的一环，在短视频制作完成后，运营人员需要根据不同平台不同用户的特点，精心设计短视频的头图、标题、简介等信息，以最大限度提高点击量，获得平台给予的内容和栏目曝光量。另外，运营人员还要做好数据统计工作，并要管理好用户反馈，以便从中收集建议供编导参考。

演员

预算充足的话，团队可以聘请外形清新亮丽、镜头感和表现力较强的专业演员拍摄视频；但要是预算比较有限，上述这几种角色的团队成员也可以兼职担任演员。

了解了上述这些短视频团队的常见角色后，我们应当如何配置人员数量呢？一般而言，如果短视频制作难度适中，更新频率保持在每周2～3次的话，人员配比以4～5人为佳。这些人员最初不必特别精通各项技能，但需要了解短视频制作、推广的基础知识，再通过后期的实践和学习得到提升。

那么，如何为团队招聘需要的人员呢？企业可以在招聘网站上发布相关职位招聘信息，也可以接受业内推荐的优秀人员。对于应聘或推荐的人选，企业还需要进行筛选，一般应首选有相应职业背景的人员，在面试时则可以从作品、技能等方面对其进行考察。比如可以询问对方是否能够拿出导演/摄影/剪辑方面的作品，完成作品的时间大致是多久；再如可以询问对方能够熟练应用哪些软件，在其作品中有没有这些软件产生的结果等。

另外，为了考察对方的执行力和临场应变能力，我们还可以准备一个选题，要求对方进行现场策划；或是准备一些成片，请对方分析一下成片在内容、拍摄、剪辑方面的优缺点，并给出优化建议。

除了上述这些问题外，我们还可以根据团队的具体需求设计一些面试问题，以便快速找到适合的人员。当然，刚组建好的团队还需要不断磨合、调整，在这个过程中，我们需要依据具体情况不断调整人员结构，才能达到最佳的配置组合。

第14招
如何做好短视频的精准定位

近年来，短视频行业呈现出爆发式增长态势。截至2020年6月，短视频用户规模已经超过了8.5亿，日均使用时长高达110分钟。与此同时，个人创作者、企业纷纷追赶短视频浪潮，生产出了海量内容，也让形形色色的短视频充斥于各大平台，让用户有眼花缭乱的感觉。

想要从众多的短视频中突出重围，抓住用户的眼球，吸引用户观看，还要给用户留下深刻的印象，企业必须首先做好短视频的定位，而这可以从以下几方面做起。

用户定位

我们首先应当做好用户定位，也就是要明确短视频的目标受众是谁，

新媒体营销101招：
内容运营+引流技巧+营销推广

要弄清楚用户是男性居多还是女性居多，他们的年龄大概处于哪个层次，他们的受教育程度、消费能力又是怎样的，他们会有怎样的消费习惯和消费偏好等。

通过用户定位，我们能够大致明确账号要吸引粉丝的特征，进而可以从这些特征出发进行短视频的内容和类型定位。

内容定位

内容定位可以帮我们明确自己的创作方向，为此，我们首先要做好账号领域定位，接着可以继续细分，到该领域中选择一个最符合产品特点和品牌调性的子类目，然后集中创作垂直内容。

比如抖音有商品导购类、知识传播类、娱乐搞笑类、音乐表演类、记录生活类、科技类、政府和企业官方账号类、游戏类、二次加工类这九大领域类目，某电子产品生产企业想要在抖音上进行营销推广，就可以选择"科技"领域，然后结合自己的主营产品类型选择"手机""数码产品""前沿科技""软件"等子类目，以后创作短视频时都要围绕这个子类目进行，才能不断提升账号的"垂直度"。

类型定位

短视频类型多种多样，有短纪录片、情景短剧、技能分享、街头采访、创意剪辑等多种类型，每种类型有各自的优缺点，拍摄难度也不尽相同。

比如街头采访型的短视频制作简单、表现形式生动自然，很受年轻用户的欢迎；情景短剧型的短视频多以搞笑创意为主，能够引发用户的传播热情；创意剪辑型的短视频对剪辑技巧和后期制作技术提出了较高的要求，精美的画面配合深度解说和评论，更容易打动用户。企业可以根据短视频运营团队的实际能力选择创作类型，再根据用户的反馈进行调整，直到找出最适合本企业的短视频类型。

除了上述几点外，企业还可以对短视频的风格进行定位，比如是否安排真人出镜，如果有真人演员，是否要为演员打造特别的"人设"等。像这样一步一步进行定位，创作思路就会越来越清晰、明确，创作出的作品也更容易在海量的内容中脱颖而出。

第15招
10万次播放量的短视频选题是如何产出的

如何进行短视频选题策划？这个问题看似简单，但真正操作起来却很不容易。有时运营人员挑选了自认为不错的选题，也精心打磨了内容，在发布视频后却发现播放量很不理想；有时想要模仿别人的爆款选题，却又容易陷入"内容同质化"的陷阱，播放量寥寥无几，无法达到提升企业和品牌知名度的目的。

那么，如果要打造播放量高达10万次的短视频，运营人员应当如何进行选题策划呢？首先，运营人员需要把握好以下几条原则。

用户导向原则

在寻找选题时，运营人员一定要坚持以用户为导向，也就是说要考虑用户的需求，贴近用户的喜好。为此，运营人员可以做用户画像，将目标用户的年龄、性格、教育程度、浏览偏好等特点了解清楚，再进行有针对性的选题策划，这样打造出的视频才最能得到用户的认可。

价值输出原则

选题策划还要考虑是否能够给用户提供足够的价值，所以运营人员应当避免肤浅、低俗的选题，而是要多给用户提供有价值的干货，这样才能引发用户点赞、收藏、评论、转发的主动行为，有可能达到裂变传播的效果。

比如丁香医生团队在选题策划时就十分注意输出价值，每期视频聚焦一个人们普遍关注但认知又不够全面的健康问题，如"不吃糖就可以淡化肤色""裸睡到底好不好""熬夜到底有多伤身"等，这样的选题让用户深受吸引，很想听听丁香医生的权威讲解，短视频的流量自然会快速增长（图2-3）。

图2-3
丁香医生别具一格的选题定位

精准定位原则

选题要符合自己的账号定位，所以运营人员应当遵循长期营销战略思维，将品牌理念贯穿于短视频选题和内容制作中，确保输出的内容风格统一，符合自身品牌调性，有助于打造专业形象，更能够赢得用户的认可。不仅如此，精准的定位也能够提升账号垂直度和权重，可以获得平台更多的推荐，这也会让播放量直线上升。

专属人设原则

企业进行短视频营销，不需要过多投入，但一定要注意打造自己的"专属人设"，也就是让冰冷的账号变得有温度、有个性，能够直击用户内心。

所以运营人员在规划选题时也要进行这方面的考量，比如选题集中于产品评测、产品优缺点对比等方面，可以塑造"专业""懂行"的人设；又如选题集中于产品制作、工艺演示等方面，可以塑造"工艺精湛""质量上乘"的人设；再如选题集中于关心公益事业、传播积极价值观等方面，可以塑造"正能量"人设，具体采用什么样的人设，要根据企业的品牌调性和想要达到的营销效果来确定。

第16招
短视频选题要考虑的三个细节

掌握了短视频的选题原则后，在具体操作前，我们还需要考虑以下几点细节，才容易获得事半功倍的效果。

选题是否易于操作

规划选题时运营人员要考虑到自身拥有的条件和实际操作能力，尽量不要选择难度过高、操作不易的选题。比如想要做一期需要体现精湛工艺的短视频，就要考虑好预算、设备、人员和拍摄难度等问题，合理做出选择，才不会给团队造成太大的制作压力。否则设备不过关，人员技术不到位，最终即使勉强完成拍摄，画面效果也不会理想，剪成的视频带给用户的体验也没有可信度和说服力，所以一定要注意避免选题难度过大。

选题是否与热点话题相关

如果一时之间找不到合适的选题，运营人员也可以考虑"搭车"热点话题。这类话题本身已经聚焦了大众眼光，运营人员不妨紧跟热点推出短视频，可以获得比平时多得多的曝光机会。

当然，跟风热点也要有一些技巧，才能获得更高的关注度。所以运营人员一定不要重复别人的选题，做千篇一律的内容，而是要从自己的品牌调性出发，找到适合的切入点，将选题做出新意。

选题能否便于用户参与或模仿

有经验的运营人员会发现，一些"接地气"、便于用户参与或模仿的选题，往往很容易获得超高的流量。比如教用户一看就懂、一学就会的知识，可以让用户产生马上动手试一试的强烈欲望，用户的认可度和黏性就会直线上升。反之，若是选题总是保持着"高大上"的风格，比如"教用户如何进行皮具封边"，这样的选题固然能够满足专业人士的需要，但却会让大多数用户产生距离感，很可能视频还未播放完毕，用户就会选择关闭，导致完播率（视频的播放完成率，即所有观看该作品的用户中完整看完视频的人数比率）下降，更会直接影响推荐量，使得最终的播放量很不理想，所以运营人员要注意调整选题，要在"接地气"和"高大上"之间找到合适的比例。

总之，短视频选题策划这个环节非常重要，新媒体运营人员不妨反复体会其中的窍门，再不断进行方向调整，找到最适合企业和品牌的选题类型。另外，为了持续生产视频内容，运营人员还可以建立自己的个性化选题库，将自己每天接收到的外部信息，按照价值性、资源性、热度等分门别类整理到选题库中，这样在创作时就不会因为缺乏选题而发愁了。

第17招
如何生产有灵魂、有干货的内容

有的运营人员常常会有这样的困惑：精心定好了选题，制作了内容，但用户的反响却不够热烈，短视频的完播率、互动量都很低。

出现了这样的情况，说明短视频内容的吸引力不够，用户在观看时觉得索然无味，对没看到的内容也产生不了期待感。

想要提升短视频的吸引力，我们就要努力生产有灵魂、有干货的内容。所谓"有灵魂"，是说内容不能是干巴巴的，而是要让用户有代入感，或是能够产生情感共鸣；所谓"有干货"，是说内容不能过于空洞，而是要对用户有启发、有帮助，能够产生实际的价值。

以下这些内容创作思路可供运营人员参考。

产品生产过程探秘

质地优良的产品是如何生产出来的，在工艺上有哪些与众不同的细节，用户对这样的干货知识会产生一定兴趣。运营人员可以由此出发，通过视频带着用户去车间实地探访，这不但会让用户感觉新鲜有趣，还能从侧面向用户传达"产品工艺考究、质量可靠"的信息，能够提升用户对品牌和产品的信任度。

产品搭配小贴士

服饰、美妆、箱包、鞋类企业可以考虑制作这样的短视频，用自己的产品搭配出时尚、优雅的风格，不但能够让用户学到实用的穿搭技巧，还会让用户对视频中出现的产品"怦然心动"。

产品使用小窍门

如何进行产品保养，如何更好地使用产品，产品有哪些不容易被发现的小功能等，类似这样的干货视频也会引起用户了解、学习和模仿的兴趣。

产品使用场景

运营人员还可以编写或温馨、或浪漫、或搞笑的故事，再以迷你剧的形式，将产品展示于使用场景中。比如巧克力与婚恋场景搭配、白酒与宴会聚餐场景搭配、运动鞋与比赛攀登场景搭配等，这些场景会让用户产生代入感，更容易记住产品和品牌。

对于具体的内容，运营人员还可以采用不同的呈现形式，像上面提到的"迷你剧"就是内容呈现形式之一，也就是用一个简短却不失精彩的故事来包裹内容，让用户愿意看到最后，还能在不知不觉中接受我们想要传递的信息。

除了这种方式外，运营人员还可以根据实际情况选用以下这些方式。

制造悬念

在短视频开头抛出一个悬念的"钩子"，牢牢地"钩"住用户的注意力，让他们带着好奇心看到最后。

进行对比

对比可以让用户产生更加鲜明的印象，比如可以先对用户买到了昂贵的同类产品表示惋惜，接着展示自己产品的品牌、材质、工艺、价格，让用户对"价廉物美"有更加直观的认识。

出奇制胜

在短视频开头，运营人员可以故意抛出一个打破常规的观点，激发用户的逆反心理，让用户想要看个究竟；之后运营人员要用实例或数据佐证自己的观点，使用户心服口服。

现场访谈

运营人员还可以采用访谈的形式，让两位演员在开放的场景中边走边对话，其中一人提出一些用户最关心的问题，另一人负责给出专业、权威的解答。与单人正襟危坐宣讲产品特点相比，这种访谈形式显得更加生动，也更容易被用户接受。

当然，内容创作思路和呈现形式并不局限于以上几种，运营人员可以多借鉴一些优秀案例，拓展自己的思维，锻炼自己的创作能力，便可逐渐打造出有灵魂、有干货的内容了。

第18招
短视频标题如何拟定最吸引人

很多运营人员在短视频内容创作方面花费了很多功夫，但却忽略了一个非常重要的细节——标题。在各大平台上，经常会有一些内容新颖有趣的优质短视频，就因为标题不够精彩，最终被埋没在了大量信息中，这不禁让人觉得非常可惜。

在当前用户注意力越来越分散、时间越来越碎片化的情况下，我们想要让用户从大量信息中发现自己的短视频，就要在标题上做足功夫。好的标题不但能够勾起用户的好奇心，吸引他们的点击，还能够命中平台的推荐算法机制，可以让视频的曝光量大大提升。

那么，我们该如何为自己的短视频拟定一个精彩的标题呢？对于新手来说，最简单的办法是向成功者"取经"，所以我们不妨先找一些播放量超过10万的优质短视频，看看创作者在拟定标题时都采用了哪些特别的技巧。

标题不宜过长或过短

在拟定标题的时候，很多平台都会显示限制字数，以抖音为例，标题的字数不能超过55个，但实际上，标题多于20个字的话，手机上就会显示不全，会影响用户体验，所以标题以15～20个字为佳，这样也能够给系统提供足够的信息，方便系统抓取关键字。

标题高度概括内容

我们应当选择能够概括视频内容的关键词，这样的标题更容易得到系统的推荐。比如短视频《教你1招，夏天被蚊虫咬后迅速止痒，管用》的播放量是76.55万次，这个标题采用的技巧就是高度概括内容，同时在标题最后使用了"管用"的说法，对用户产生了强说服力，点击率居高不下。

在标题中使用数字、数据

这是一个容易出"爆款"的好办法，因为数字是最直观的，也是最有说服力的。当用户随意地用手指滑动手机屏幕的时候，他们停留在每个标题上的时间也许只有短短的一两秒钟，此时标题中的数字能够快速吸引他们的注意，让他们忍不住停留下来。比如《安卓系统总是很卡？记住这5招告别卡顿》，这个短视频就采用了数字写法，播放量超过了65万次。

尝试使用疑问句、反问句

在拟定短视频的标题时，虽然陈述句能够完整地表达视频的意思，但相对不容易出彩，而感叹句也不能过多滥用，特别要避免使用一些"震惊全中国！""惊呆了！"之类的流于形式的感叹句，这种"震惊体"在过去曾经风靡一时，但现在用户已经普遍产生了审美疲劳，一看到"震惊体"不但不会有点击的欲望，反而还会觉得非常反感。所以我们要慎用感叹句，多用一些疑问句、反问句，以激起用户强烈的好奇心、好胜心。比如题为《一天吃一根黄瓜，连续吃7天，你以为只会变瘦吗》的短视频，就采用了疑问句做标题，充分调动了用户的好奇心，最终播放量高达149万。

增强用户的代入感

用户对与自身特质有关的东西总会特别地敏感，我们在拟定标题时也可以利用这种天然的敏感，用一些与用户息息相关的关键词吸引他们点击、观看短视频。比如《你想回到过去的哪天？#一首歌致敬一代人#》，这个标题不仅勾起了用户的怀旧心理，还能够制造情感共鸣，播放量达到了90.9万次。

除了上述这几种技巧以外，为短视频起标题的技巧还有很多，运营人员可以根据品牌定位、用户定位来具体决定选用哪些技巧。在这个过程中，运营人员可以慢慢培养自己对于标题的理解和敏感，时间长了，就会知道什么样的标题最有可能成为"爆款"，短视频的点击率、阅读量和传播度也会因此不断攀升。

第19招
如何选择适合自身内容的短视频分发渠道

短视频平台众多，我们最熟悉的有抖音、快手、抖音火山版、西瓜视频、B站、微视、好看、秒拍、美拍等。

这些短视频平台在平台调性、用户属性、呈现方式、变现渠道等方面都有差异，想要选择适合自身内容的短视频分发渠道，运营人员至少应当做好以下几点。

评估平台调性与自身内容定位是否能够良好匹配

每个短视频平台都有自己独特的"调性"（表2-1），也集合了不同的用户群体，用户数量及活跃度都有差异，运营人员在选择分发渠道时首先要考虑平台的这些特质。

（1）抖音以"记录美好生活"为口号，内容有多元化、潮流化的特点，用户群体有年轻、受教育程度较高、颜值高、追求时尚、有消费实力、女性较多等特点，比较适合美妆、餐饮、电子产品、服装、健身、家居之类的企业进行营销推广。

（2）快手以"记录世界，记录你"为口号，内容有生活化、接地气的特点，用户群体与抖音有一定重叠，但是在下沉市场的渗透率更高，用户学历水平和收入水平低于抖音用户。快手比较适合教育培训、游戏、综合电商之类的企业进行营销推广。

（3）抖音火山版是字节系对标快手的短视频平台，以"更多朋友，更大世界"为口号，内容同样具有"接地气"的特点，更适合大众化品牌推广。

表2-1 几大短视频平台对比

平台名称	抖音	快手	抖音火山版	B站
口号	记录美好生活	记录世界，记录你	更多朋友，更大世界	你感兴趣的视频都在B站
定位	社交类短视频APP	国民短视频社区	短视频交友社交APP	泛二次元视频社交平台
用户群体	年轻、高颜值、高学历、追求时尚、有消费实力	下沉市场渗透率高，用户学历和收入水平低于抖音用户	与快手相似	90后、00后、二次元爱好者、网络重度使用者
适用行业	美妆、餐饮、电子、服装、健身、家居	教育培训、游戏、综合电商	大众化品牌	游戏、工具型APP、在线教育、电商

新媒体营销101招：
内容运营+引流技巧+营销推广

（4）B站的定位是泛二次元视频社交平台，以90后、00后用户为主力群体，其中在1995～2009年出生的"Z世代"更是对B站十分偏爱，而这些用户受互联网、智能手机、即时通信的影响很大，所以游戏、工具型APP、在线教育、电商之类的企业很适合在B站营销推广。

运营人员在选择分发渠道前，可以先搜集、比对、评估上述这些信息，以便全面了解各平台及其用户的特点，才能找到与自身目标用户定位、内容定位相吻合的渠道。

考虑短视频运营如何匹配平台规则

各大短视频平台都有自己的呈现方式和独特规则，企业在进行营销推广时，也应当积极做出调整，以适应平台的要求，才能获得最多的推荐、最大的流量。

以抖音为例，抖音上的作品以长度不超过15秒的小视频为主，竖屏视频较多，对作品质量要求很高。我们只有用心打造精品，才有可能在众多的短视频中突出重围，所以在运营时一定不能有投机取巧的心理，不能发布垃圾广告，或是搬用、抄袭他人的作品，也不能恶意刷粉、刷赞，否则可能会有封号的危险。

评估自己在该平台的资源获取能力

在选择分发渠道时，运营人员还可以考虑自身的资源获取能力，比如运营人员可以采用资源置换的方法，从某渠道获得较好的推荐位，从而获得更多流量，该渠道也可以成为营销时的重点渠道。

在实际操作中，企业可以以重点渠道为主要阵地，联合其他主流短视频平台，做成营销推广矩阵，再结合自媒体推广、广告推广等手段，构建线上和线下全方位、立体化的营销网络。

当然，如果企业没有足够的人力、财力，无法展开全网推广，也可以选择几个重要渠道精心运营，再采用一键分发工具将短视频分发在其他渠道，这样既能节省大量的时间和精力，也能扩大品牌在多个渠道的影响力。

第20招

抖音、快手、西瓜视频、B站推荐机制有何异同

短视频是否能够成为爆款，与平台推荐情况有很大的关系。一般而言，各大短视频平台的内容推荐算法大同小异，即在短视频发布后，会先进行风险检测，确保短视频内容没有违规或涉嫌低俗、虚假营销之类的问题；通过了检测的短视频会得到系统的第一轮推荐，推荐量与发布时间、账号权重、用户喜爱度等因素有关，比如用户反馈热烈的短视频会得到系统的多次推荐，反应平平的短视频则会逐渐停止推荐。

如果短视频在较短时间内播放量有大幅提升，还有可能触发人工复核，只有内容确实非常优质并且符合平台调性的短视频才会得到进一步推荐，有可能成为爆款视频。

除了上述这种内容推荐算法外，各大短视频平台在推荐机制上也有自己的一些特点。

抖音的推荐机制

抖音的推荐机制被称为"信息流漏斗算法"（图2-4），通过审核的短视频会获得系统分配的初始流量池，这个过程也被称为"冷启动"。

在冷启动阶段表现良好（根据完播率、点赞率、评论率、转发率等综合评定）的短视频会获得更大的推荐力度，并会按照内容和人群标签进行精准分发；内容优质、领域专注、用户喜爱的短视频有机会进入顶级流量池，获得大规模曝光，但高推荐时间一般不会超过一周。另外，系统有时也会重新挖掘一些非常优质的老作品，使其获得较多的流量。

从抖音的推荐机制来看，越优质的内容越容易得到较多曝光，表现出了"中心化"的特点。比如我们打开抖音首页，看到的推荐视频就会是点赞、评论、转发数都非常高的作品，而这也是抖音保持内容高质量的一个方法。

新媒体营销101招：
内容运营+引流技巧+营销推广

图2-4
抖音推荐机制示意图

图2-4 抖音推荐机制示意图

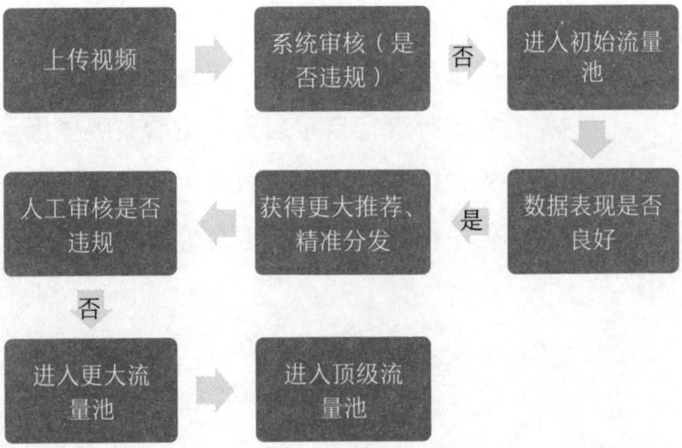

快手的推荐机制

快手的推荐机制与抖音有一定区别，它具有"去中心化"的特点，不会特别偏向权重高的头部用户，也不会对内容进行刻意引导，不同创作者拥有的展示机会几乎是均等的，即使是用户反馈平平的作品也能出现在推荐页。而且快手推荐页采用瀑布流展示，可以同时展示较多视频，使得视频的曝光机会更多，所以创作者参与度和活跃度较高，但内容质量会受到一定影响。

西瓜视频的推荐机制

抖音和西瓜视频都是字节跳动旗下的视频类APP，但推荐模式有一些差异。西瓜视频采用的是瀑布流方式展示作品，可以让用户主动选择是否点击观看展示的视频，便于逐渐摸清用户的观看习惯，再进行更加精准的推荐。

而抖音用户在打开APP时，是被动接受系统推荐的。用户不需要做出主观判断，就会看到一个热门视频，如果不感兴趣的话，可以上下滑动页面进行切换，这种做法能够带给用户"沉浸式体验"，而且切换的下一个视频也是非常优质的，有可能吸引用户一直观看下去。

B站的推荐机制

抖音等短视频平台以推荐为主对内容进行流量分发，而B站则采用了内容与用户标签匹配的机制，比如短视频会根据创作者相关信息、内容信息、数据表现等被打上不同的标签，用户则会根据历史浏览行为、关注订阅数据、消费情况、身份信息等被打上标签，系统再进行标签匹配，就能让用户更容易看到自己感兴趣的视频。

　　了解了几大短视频平台推荐机制的异同后，企业运营人员可以对自己制作的短视频进行自审自查，看看有哪些因素没有做到位，才会影响了推荐。另外，运营人员也可以从内容质量、发布时间、互动情况等方面进行改进，使短视频能够获得平台给予的更多曝光机会。

第21招
短视频涨粉：让更多用户关注的实战技巧

　　很多企业在进行短视频营销时，常常会遇到这样的问题：辛辛苦苦制作的短视频，在发布后推荐情况不理想，流量低于预期，粉丝增长寥寥无几。

　　这种情况显然不符合企业营销推广的初衷，因为企业进行短视频营销，除了要宣传自己的品牌、产品，提升影响力、知名度以外，还需要获取大量粉丝，积累自身的流量池，这样才更有可能促成销售转化，让企业获得真金白银的收益。因此，在播放量持续走低、涨粉速度很慢的时候，运营人员就应当想办法调整和优化后续的推广模式，以吸引更多用户关注，成为企业的粉丝。

　　为此，运营人员可以学习以下这些短视频涨粉实战技巧。

通过内容涨粉

　　内容是涨粉的关键，如果内容本身对用户没有足够的吸引力，那么后续即使花费再多的成本进行推广，涨粉率也无法得到提升。因此运营人员应当从目标用户的偏好出发，重新优化自己的内容。

　　比如以前没有采用真人拍摄短视频，现在就可以尝试真人出镜，并要

新媒体营销101招：
内容运营+引流技巧+营销推广

精心打磨剧本，在短视频中巧妙"埋梗"，引发用户的好奇心；另外，运营人员还可以将短视频做成系列形式、场景形式，甚至可以做成连续形式（每一集开头承接上一集的结尾），让用户自然而然地点击关注按钮，想要看到更多短视频。

与此同时，运营人员还应当注意保持内容的垂直化，因为内容越垂直，越容易被系统打上精准的标签，再推荐给予标签相匹配的用户，这些用户最容易成为我们的粉丝，而且这类粉丝的黏性也是很强的。

通过巧追热点涨粉

巧追热点是一个不错的涨粉办法，热点话题自带流量属性，如果运营人员能够尽快做出反应，推出优质的短视频作品，就能够获得更大的曝光度和更多的关注量。

不过，追热点一定不能盲目，哪些热点可以跟进，哪些热点需要放弃，运营人员自己心中要有一杆秤。比如著名明星夫妻突然爆出离婚的消息，短视频平台上大量的创作者立刻抢跟热点，推出相关作品，但如果企业属于教育培训行业，就不适合去追逐这样的热点，因为它不符合领域垂直的要求，而且还会影响用户对于账号的印象，可能会认为账号不够专业。可要是临近一年一度的高考，全民都在关注"高考"话题，教育培训行业的企业就一定要抓住这个热点，最好能够提前几天做好相关选题定位，拍摄出有干货或是有趣味的短视频，然后跟着热点发布，引流涨粉的效果就会更加明显。

借助其他类型的新媒体涨粉

想要实现涨粉的目的，运营人员还可以拓宽思路，不要局限于短视频平台，而是可以结合其他类型的新媒体平台，进行综合性营销推广。比如在抖音进行短视频营销的企业，可以通过同属"字节系"的今日头条、悟空问答为抖音账号引流，像在今日头条上就可以通过图文、微头条、音频等多种形式引流，这样不但不用额外花费推广费用，还能达到较好的涨粉效果。

另外，企业运营人员可以引导粉丝互动、转发，让粉丝成为自己的"宣传员"，也能够带来源源不断的新粉丝。

此外，刚刚入驻短视频平台还没有打开局面的企业号，以及想要实现快速涨粉目标的企业号，也可以尝试付费推广。比如在抖音可以选择投放开屏广告、信息流广告等进行强势推广，也可以利用"Dou+"工具（图2-5）付费对视频进行

图2-5
"Dou+"工具

"加热",将其推荐给更多的兴趣用户;企业还可以邀请有一定粉丝基础的达人帮助推广,也能够增强传播力度,深化用户对品牌的认知,有助于达到涨粉的目的。

付费推广能够让推广过程变得更加"可控",而且推广效果明显,涨粉速度很快,但企业为之付出的成本也会非常大,所以企业需要斟酌损益,再决定是否采用这些付费推广办法。

第22招

如何把短视频粉丝逐步转化成忠实消费者

进行短视频运营,只关注涨粉还是不够的,企业还要不断提升自己留住粉丝的能力,才能让流量池不断扩大,并有能够将粉丝逐步转化为忠实的消费者。

想要留住粉丝,以下有几个方法可供运营人员参考。

在固定的时间段发布短视频

在短视频制作完成后，运营人员可能会急不可耐地点击发布按钮，以为越早发布就容易获得系统的推荐，可事实却往往恰好相反。

那么，短视频的发布时间有哪些要注意的地方呢？一般而言，选择在粉丝活跃高峰时段发布视频，更容易吸引他们的注意。比如可以在上午7点～8点之间发布短视频，此时粉丝恰好在上班、上学、晨练的途中，有很大可能会打开APP观看短视频；再如在中午11点半～14点之间发布视频，此时正好是粉丝的午休时段，看短视频也会成为他们打发时间的一种选择；此外，下班时段（17点～19点）、睡前时段（21点～23点）也是粉丝活跃的高峰期。运营人员不妨在高峰期到来前的半个小时发布视频（留出半个小时的系统审核时间），就能够坐上流量的快车，获得粉丝的持续关注。

当然，不同类别的短视频发布时间也会有一些差别，根据一份《抖音短视频发布时间报告》显示，在工作日的中午时段，抖音平台上的娱乐类短视频表现较好，下班时段科技类、搞笑类、游戏类短视频表现较好，周末育儿类、游戏类短视频表现较好。所以运营人员在把握好高峰时段之余，还可以根据类别和平台的特点来选择视频发布时间，也可以从后台的粉丝数据看到自己粉丝最活跃的时段，选择在该时段固定发布视频，能够让粉丝逐渐养成按时观看短视频的习惯，因而更容易起到固粉的效果。

保持一定的更新频率

短视频应当保持一定的更新频率，切勿长时间不更新，那样不仅会影响账号权重，导致后期数据表现乏力，还会被粉丝慢慢遗忘，不少粉丝就会选择取消关注，导致账号掉粉严重。

不过，更新也不是越频繁越好。毕竟，一条优质的短视频制作不易，除非团队成员磨合较好、技术能力较强，才能保证每日至少更新一条的频率，而一般的团队是达不到这样的更新速度的，如果我们一味追求频率，最后牺牲的肯定是视频的质量，而这只会让粉丝感到非常失望。

不仅如此，每天更新过多视频，也会让粉丝产生"审美疲劳"，甚至还会让粉丝觉得受到了打扰，可能会选择取消关注。

因此，运营人员一定要在视频内容和更新频率之间找到最好的平衡点，建议每周精心打磨2～3个优质短视频，这样既能保证获得相对稳定的流量，也能对粉丝产生持久的吸引力。

多与粉丝进行互动

粉丝在观看视频后，做出了点赞、收藏、转发、评论等积极的动作，这只属于互动的第一步；想要增强粉丝黏性，我们还需要与粉丝进行深层次的互动，比如可以在短视频文案中加入一个较常见的问题，请粉丝给出回答，还可以就本期视频中的某件事情问一问粉丝的意见，如果粉丝给出了反馈，运营人员可以收集点赞最高的评论或是内容非常精彩的评论，再以此为主题做成一期新的视频，这会让粉丝有一种受到了重视的感觉，互动的积极性会变得更高，黏性也会更强，不会轻易流失。

通过活动牢牢地留住粉丝

不时地举办活动也是一种留住粉丝的好办法。比如运营人员可以选择不同的节日主题来举办活动，号召粉丝积极参与。像安踏就曾经在"六一"儿童节发起过抖音挑战赛，邀请粉丝带话题"#这样顽就对了"并@安踏儿童，发布动感十足的"顽力舞"视频，即可参加挑战，并有机会赢取数额不菲的奖金。由于活动参与流程简单，奖励也很诱人，吸引了很多粉丝踊跃参加，营销效果非常理想。类似这样的活动，安踏会经常举办，也受到粉丝们的欢迎，粉丝们更加关注儿童运动和成长，对安踏品牌的忠诚度也越来越高。

利用品牌效应聚拢粉丝

企业入驻短视频平台后，一定要尽早认证，使账号拥有鲜明的官方认证标识，并且能够占据唯一的账号昵称，品牌识别度更好。

另外，企业认证之后，用户在平台进行搜索时，企业号昵称也会被置顶显示，能够在第一时间进入用户的视野，同时账号下方会有"×××官方账号"之类的说明，可以提升用户的信任度和账号的权威性（图2-6）。

很多用户往往会出于这种信任感选择关注账号，而且不会轻易取关，这正是品牌效应带来的好处，我们可以利用这一点涨粉、固粉。

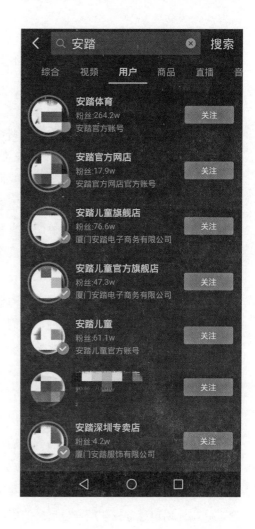

图2-6
认证账号优先显示

第23招
如何用数据分析优化短视频传播效果

短视频传播效果是好是坏，我们可以通过数据分析得出准确的结论，并可以根据数据显示的结果优化视频内容，调整投放渠道及活动策划，使短视频营销能够达到更加理想的效果。

不过，短视频营销涉及的数据指标不少，我们应当重点关注哪些数据呢？

短视频的播放量

运营人员将制作完成的短视频发布到各个渠道后，就可以持续关注播放量数据了。在具体分析时，我们可以观察并统计该视频分时、分日的播放量变化情况，由此可以判断视频是否受到系统的欢迎。比如短视频推荐量极少，播放量增长速度缓慢，说明内容被系统判定为"不够优质"而减少或停止了推荐，此时我们就要及时采取措施优化标题、首图，看看是否能够补救；再如本来数据表现良好的短视频从某个时刻起播放量增长速度突然放缓，这可能意味着内容未能通过人工审核，导致视频流量受到限制。

我们还可以比较该视频在不同渠道的播放量数据，如果视频在某个渠道数据表现不佳，在其他渠道却很受欢迎，我们就要及时优化发布于该渠道的视频，并可以将优化措施记录下来，用于调整在该平台的运营策略。

短视频的完播率

完播率可以帮助我们了解视频对用户的吸引力。完播率高，说明短视频符合用户的口味，能够吸引他们一直看到最后；相反，完播率低则说明用户对该条视频缺乏足够的兴趣。我们还可以进一步分析"平均播放进度"数据，以了解大多数用户是在视频的哪个部分跳出的，接下来我们可以反复观看、分析这部分内容，找出让用户感觉无聊或产生反感的原因，下次制作短视频时就要避免。

短视频的互动数据

互动数据能够帮助我们了解用户对视频的喜爱程度。对于自己喜爱的视频，用户愿意进行点赞、评论、转发、收藏，我们也可以从评论量、点赞数、收藏数、转发量来综合评估视频的质量，并可以以此为依据进行视频优化。

比如短视频播放量很高，收藏量和转发量却很低，说明内容比较吸引人，但缺乏深度，或是干货不足，没能让用户感受到价值，我们在今后的视频创作中就要注意提升内容饱和度和深度；再如短视频播放量、评论量很高，点赞、转发却寥寥无几，说明短视频内容宣扬的价值观并不符合主流用户的观念，他们可能会带着不满情绪留下批评的话语，对品牌却产生不了好感，这种情况也是运营人员

新媒体营销101招：
内容运营+引流技巧+营销推广

应当避免的。

除了上述这几种数据外，我们还可以关注短视频的涨粉率（新增粉丝数/播放量），这个数据可以帮我们更加立体地评估短视频的传播效果。我们可以借此了解短视频是否能够得到用户的衷心认可，倘若某期短视频的播放量很高，涨粉率却很低，我们就应当引起重视，要从用户偏好着手，对短视频选题、风格、表现形式等进行调整，做好内容的后续优化工作。

第24招
企业如何通过短视频快速变现

越来越多的企业加入了短视频营销的大潮中，但并不是所有的企业都能够抓住短视频带来的丰厚的流量红利，创造出商业价值。

那么，企业如何通过短视频高效促进用户转化，实现流量快速变现呢？以下这几种变现方式需要运营人员给予充分的重视，并要深入研究"玩法"，才能为企业带来可观的收益。

开启商品橱窗

短视频平台的商品橱窗功能可以让企业更加方便地分享自己的产品，用户也可以通过商品橱窗来了解产品的详情。

如果企业在抖音拥有30万以上的粉丝（或是有淘宝、天猫或京东第三方平台的店铺），并满足相应资质，可以开通"抖音小店"，添加产品后，用户可以直接从抖音购买产品，无需跳转到第三方店铺。

直播带货

近两年来，直播带货已经成为"超级风口"，企业想要实现快速变现，自然不能错过带货浪潮，只不过企业仍然需要把握好"人-货-场"的营销逻辑（图2-7），才能取得成功。

图2-7
直播"人-货-场"营销逻辑

人
- 带货主播
- 创始人亲自直播

货
- 性价比超高
- 做好品控
- 确保出货量

场
- 选好平台
- 安排好直播环节
- 烘托好氛围

（1）所谓"人"，指的是带货主播，主播对产品的熟悉程度以及对专业知识和销售技巧的掌握会直接影响一场直播的效果，所以企业在选择主播时一定要精挑细选。另外，企业创始人或CEO亲自下场直播也能够起到塑造品牌形象、提升消费者信心的作用，可以促进转化，像小米雷军、携程梁建章、格力董明珠都进行过直播带货，也取得了不错的销售业绩。

（2）所谓"货"，指的就是企业在直播时销售的产品，这类产品应当具备性价比超高的优势，才能对用户产生说服力，能够吸引用户下单。另外，企业在选品时还要考虑好生产能力、品控能力，要保证出货量跟得上用户的下单速度，尽量不要出现"爆单"发不了货的情况，才不会让用户感到失望；同时企业的品控一定要非常严格，要确保用户收到的产品与主播做出的承诺相一致，才不会砸了自己的招牌。

（3）所谓"场"，包含的内容非常丰富，像企业选择在哪个平台做直播，准备搭建什么样的直播场景，烘托什么样的直播氛围，安排哪些别出心裁的直播环节，网络条件是否会对直播造成不良影响等，都属于"场"的范畴，也是企业直播团队需要用心琢磨、认真解决的问题。直播团队可以在每次直播后总结经验，对不足之处进行改进，以逐渐完善"场"要素。

达人带货

如果企业在直播带货方面缺少经验，也可以考虑寻找达人带货。达人有自己的粉丝群体，也深谙如何在直播时把握节奏、炒热氛围、引导粉丝，因而能够激发粉丝强烈的购物欲望，更容易帮助企业实现变现的目的。

想要找到这样的达人，企业一定要注意核实对方的资质，并要多多考察对方的实际带货能力，切勿只看粉丝数量盲目选择，以免白白花了冤枉钱，却看不到明显的销量。

另外，企业还要注意与合作达人签订正规合同，对直播时长、推广信息内容、推广产品、销售形式、服务费用（坑位费）、产品销售佣金等都要有明确的约定，才能减少很多不必要的纠纷，也能为企业避免不必要的损失。

第25招
直播推广需要把握的四大要点

2019年大热的"直播带货"其实并不是新鲜事物，早在2016年，淘宝直播平台就已悄然上线，也标志着直播带货初步兴起。

经过2017年、2018年的快速发展，直播带货开始向"精细化细分"方向发展。2019年，行业全面进入爆发期，抖音、快手等主流视频网站纷纷入局，京东、小红书、拼多多等平台推出了直播带货模式，2019年也因此被称为"直播电商元年"，线上售卖从图文时代进入了直播时代，原本的营销核心"货"也逐渐转移到了"人"上。

与传统营销方式相比，直播带货具有更强的实时性、体验性、互动性。带货主播通过营造氛围、试用产品、口播、给予折扣等方式营造出富有亲和力的消费场景，与用户实时互动，引导用户成功下单。不仅如此，直播推广对场地、物料需求较少，大大降低了营销成本，这部分成本可以转为优惠手段，让利于用户，因而对用户具有极强的吸引力。

直播对于货品销售具有极强的推动力，但这并不意味着一部手机、一个主播就能开启直播带货之路。事实上，成功的直播推广离不开全方位的考量，特别是要注意做好以下这四方面的工作。

做好准确的定位

（1）做好市场调研：要了解用户真正需要的是什么，而我们又能够提供什么，要想办法既满足用户的需求，又能避免陷入同质化竞争。

（2）进行受众定位：准确地定位受众，分析他们的兴趣点、搜索习惯、活跃平台、信息需求等，能够帮我们锁定目标群体，并能够从用户角度出发，为直播形式、内容的选择找到必要的理论支撑。

（3）进行直播立项：我们还需要从资金、人员、设备、技术等多方面进行综合评估，以判断直播推广是否具有可行性。

选择适合的直播平台

当前直播平台种类繁多，不同平台有各自鲜明的风格特点和适合营销的品类。比如抖音直播带货适合美食、养生、科技、教育类的商品；淘宝直播平台更适合女装、美妆、日化百货品类；拼多多直播平台更适合农产品、小商品、特产类；京东直播平台更适合品牌商品；小红书直播平台更适合美妆、消费升级类产品等。我们在进行推广时要注意选择适配性更好的平台，才能起到事半功倍的效果。

设计合理的直播方案

做好前期的准备工作后，我们需要设计合理的直播方案。比如，直播将在什么样的场景下进行，将采用什么样的拍摄形式，需要安排什么样的直播环节等，这些都必须提前做好计划。

另外，我们还需要在直播内容上多下功夫，避免千篇一律的直播让用户产生"审美疲劳"。

此外，我们要注意做好营销和视觉效果的平衡，使最终呈现出的效果能够贴合直播主题、产品特性和用户需求。

收集反馈，引导购买

在正式推广时，我们需要见缝插针地插入各种推广优惠，如折扣、赠品、限时购买、组合营销等，这可以让用户们产生强烈的购买欲望。

与此同时，我们还需要做好反馈意见的收集工作。在直播推广中，主播将内容呈现给用户，用户可以通过弹幕形式即时发表反馈意见，其中既有对直播的观看反馈，又有对产品的使用反馈，对于这些意见我们要注意收集，以便不断调整推广方案，使营销转化率能够稳步提升。

第26招
直播带货如何突出产品的价值点

在直播带货时，很多企业常常会在创意和视觉方面下很大的功夫，但却忽略了营销最为关键的一点，就是要突出产品的价值点。也就是说，企业要借助主播之口，将产品能够给用户提供的价值点明确地告知用户，让用户马上就能知道产品的功能可以为他们解决哪些实际的问题，这样才能打动用户，并有可能激发他们的购买欲望。

根据《2020年直播带货趋势报告》，2020年6～12月销售总金额排行前十位的主播有薇娅、李佳琦、辛巴、蛋蛋、雪梨等，其中薇娅以225.39亿元的总销售额位列榜首，比第二名李佳琦的销售额高出86亿元。

"带货女王"薇娅等人能够掀起直播营销的现象级浪潮，与他们善于展示产品的价值点有很大的关系。在直播中，无论是薇娅还是李佳琦都会反复强调和突出产品价值点，再利用自身强大的网红影响力让这些价值点能够深入用户的脑海，使用户无法控制自己的消费冲动。

比如在介绍产品时，薇娅会先强调产品的功能价值点，如洗发水"去屑功能强"、化妆品"吸收快、水润、手感滑"，口红"blingbling很闪"等，这些价值点都是用户可以有直观感受的。之后薇娅会强调价值方面的价值点，如"原价是199元，今天在直播间里，它的价格是69元，而且还买一瓶送一瓶，再送6件旅行洗护套装，只要多少钱？69元！"一套"低价+赠品"的组合拳打下来，自然会让用户有一种招架不住的感觉。

同样是做直播营销，有的主播却还停留在对产品的感性描述上，比如"这款口红的色号特别吸引人""这款服装穿上让人更有魅力"等，但产品能够给用户

图2-8
产品价值阶梯示意图

了解产品特征

掌握产品优势

提炼产品卖点

将卖点上升到情感高度

带来什么样的实际价值？主播们可能不太了解，也说不清楚，可企业却绝对不能听之任之。

所以，企业在进行直播营销策划时，就应当以产品价值点为核心制定营销计划和营销内容。之后无论是做直播，还是做短视频，都应当先站在用户的角度，提炼出多个能够打动用户的价值点，再让主播利用自己独特的风格展示给用户。

在提炼价值点的时候，我们可以借助一个工具——产品价值阶梯（图2-8），它可以帮助我们一步一步地对产品进行梳理。

（1）了解产品的特征，也就是要尽可能地列举出产品所有的属性和功能的关键词。

（2）掌握产品的优势（产品价值），也就是要从上一步理出的关键词中，找出那些最突出的、最有可能给用户留下深刻印象的东西。

（3）提炼出产品的卖点（消费者利益），也就是说，要从用户的角度出发，去分析产品的优势，看看哪些优势可以为用户提供最大的价值。

（4）将卖点上升到情感的高度，也就是要将卖点和用户的情感需求相融合，使用户产生情感的共鸣。

不妨用"产品价值阶梯"来分析"口红一哥"李佳琦的一段经典营销台词："这支就是每个女生都必备的烂番茄色，完全不挑人，十分显白。薄涂还有青春少女的活力感，绝对的洋气。"

这段话看似简单，却暗含玄机：先说明产品特征是"女生必备的烂番茄色"，再强调产品优势是"完全不挑人"，而产品的实际卖点是"显白、洋气"，至于那句"青春少女的活力感"则将用户的感受上升到了情感高度——试问，有哪一个女生不渴望恢复青春洋溢的美好面貌呢？

我们也可以按照这样的方法，多梳理，多总结，找到产品的利益点，再把它们转达给主播，主播就会知道自己应该突出哪些东西了。在他们的带动下，这些利益点会显得尤为动人，也更容易点燃用户的购买热情。

小米如何在抖音进行短视频内容营销

在短视频营销方面，小米一直走在众多企业的前列，开创了移动互联网时代企业营销的新路。早在2017年，小米就看到了抖音平台的营销价值，成了最早入驻抖音的企业号之一，还在平台投入了大量营销资源。

小米的运营也取得了可喜的成果，截至2021年6月，小米的抖音官方矩阵账号粉丝量已经超过2200万，仅小米手机（小米公司抖音官方账号）的粉丝量就超过了300万，内容获赞总量也超过了2000万。

小米在抖音的营销可谓大获成功，而这主要与以下几方面的原因有关。

打造抖音自媒体矩阵

为了兼顾内容的专业度和趣味性，小米采用了"官方号"和"个人号"协同传播的办法，构成了一个立体化的自媒体矩阵。比如官方号有小米手机、小米公司、小米有品、小米直播间和小米智能生活等多个账号，它们在内容上有各自的侧重点。如小米手机的内容多与产品资讯、功能展示等有关；小米公司的内容多与公司动态、公益活动等有关，能够体现小米的企业文化。这样做的好处是可以满足不同用户的兴趣，并且还能进行全方位覆盖化的宣传，可以让小米品牌更加深入人心。

提升内容的趣味性

企业在抖音进行短视频营销，一定要考虑受众的特点。有数据显示，在抖音用户中，19～35岁的年轻用户占比最高，且主要集中于一、二线城市。考虑到这样的用户画像，企业在制作、投放短视频时就要充分考虑年轻用户的偏好，要注意提升内容的趣味性、时尚度和流行感。

在这方面，小米可谓匠心独运，在进入美国《财富》杂志世界500强榜单后，小米手机在抖音发布了一款风趣幽默的短视频（图2-9），自嘲员工们"走路带风"，连喝粥、健身都要穿上笔挺的西装、戴上墨镜，做出酷感十足的表

图2-9
小米的抖音趣味内容

情。这条短视频让粉丝们捧腹大笑，留下了超过5100条评论，播放量则接近11万次。

注意结构的精巧性

小米发布的每条短视频都是精心打造的作品，为了在第一时间引起用户的注意，小米会精心设置封面，然后尽快进入主题，以免用户失去耐心。另外，小米还会在短视频中巧抖"包袱"，吸引用户看到最后，并会引发用户交流互动的兴趣。

比如小米智能生活曾经发布过这样一条短视频：封面是雷军的照片和一个文

字问题——"集齐一套小米智能家居要多少钱？"在接下来的画面中，小米智能家居产品和它们的价格一一闪现在用户眼前，而且表现形式并不死板——小米采用了生活化的拍摄技巧，在短短时间内巧妙地展示了这些产品的功能，还和用户的日常使用场景完美结合；而用户因为想要知道问题的答案，也会不知不觉地看完整个视频，最后得知这套包括空调、电冰箱、洗碗机、吸尘器在内的小米智能家居产品总价仅为25581元。这自然会让用户产生心动的感觉，所以这条视频的评论量达到了3494条，播放量达到3.5万，很多用户都在评论中留言表示对这套产品很感兴趣，想要了解更多信息。

打造用户喜爱的人设

企业在抖音进行营销，最忌板着面孔做一些脱离用户的内容，而小米为了接地气，会为自己打造不同的人设，以拉近企业和用户之间的距离。

比如从小米手机发布的内容来看，其人设就像是一个喜欢大开脑洞的冷幽默工程师，这与小米的品牌调性也是十分契合的，会让用户感到非常亲切，对于小米这个品牌也会产生更多的好感。

命中用户关注的痛点

小米还很注意从用户的痛点出发打造内容，比如很多用户普遍关注手机的耗电问题，担心在外游玩拍摄照片或视频的时候，手机电量会快速耗尽。对此，小米就创作了一条短视频，主要内容是记录小米的一款手机充电5分钟后带到野外连续拍摄延时视频的实验。在该视频的左下角，用户能够看到时间数字快速滚动，而小米手机仍在持续工作，最终这款手机累计拍摄时间接近2个小时。这个简单的实验引发了用户讨论的兴趣，用户留下了近2000个赞和400多条评论。借助这条视频，这款手机强大的续航能力也得到了很好的展示。

类似这样的案例还有很多，小米通过别具一格的短视频营销，在抖音上获得了可观的粉丝基础，目前其粉丝规模还在不断增长。我们在进行短视频营销时也可以参考小米的做法，在内容创作上不光要符合品牌调性，还要兼顾用户口味和用户痛点，这样才能从众多品牌的短视频中脱颖而出。

第28招
蜜雪冰城"短视频+音乐"引发裂变传播

连锁茶饮品牌蜜雪冰城诞生于2000年，前身是韩流刨冰。在多年发展历程中，蜜雪冰城一直坚持高品质、低价格、连锁形态，不断提升市场占有率和品牌影响力。

茶饮行业具有门槛低、高毛利和净利的特点，吸引了无数商家进驻，也由此引发了十分激烈的市场竞争，在各家品牌力拼口味、服务的同时，蜜雪冰城却走出了一条与众不同的道路，让自己的品牌能够深深占领用户的心智，成为用户在消费时的首选。

之所以能够做到这一点，与蜜雪冰城善于紧跟趋势，及时革新营销思路有很大的关系。比如在短视频营销风潮兴起后，蜜雪冰城就快速做出反应，开展了"短视频+音乐"的洗脑式营销，瞬间火爆全网。

2021年6月3日，蜜雪冰城在B站上传了一首主题曲短视频（图2-10），该视频时长不到30秒，歌词十分简单，就是在用中英文多次重复"你爱我我爱你，蜜雪冰城甜蜜蜜"；视频也没有真人出镜，只有吉祥物"雪王"在萌萌的甜品背景下翩翩起舞。

就是这样一条简单到了极致的短视频，却引发了用户点赞、评论、转发的热情，截至6月30日，该视频在B站的点赞量已经超过68万，转发量超过32万，评论数超过2.7万，其中被置顶的评论是网友对于蜜雪冰城公益行为的赞赏，看过这条评论后，网友对蜜雪冰城品牌的好感度直线上升，有不少网友当即决定"以后只买蜜雪冰城"。

而这还只是蜜雪冰城的第一波营销，在主题曲视频走红后，B站众多UP主纷纷加入改编曲风的行列，京剧版、古风版、日系版、意大利风格版的主题曲层出不穷，对此蜜雪冰城乐见其成，官方号还亲自去评论、点赞这些视频，更是引得网友纷纷围观，使得短视频营销的热度居高不下。

之后，蜜雪冰城主题曲和相关话题席卷快手、抖音、微博、豆瓣等多

图 2-10
引发 B 站用户狂欢的"蜜雪冰城"短视频

个平台，与之相关的短视频都有不错的流量。有网友还带上了二胡，到蜜雪冰城线下门店演奏这首主题曲，短视频被发布到抖音后，无数网友为之捧腹，戏称其为"社死现场"，于是"#蜜雪冰城社死现场#"这个话题又上了热搜。

蜜雪冰城的这次短视频营销无疑是非常成功的，运营人员以极低的成本实现了裂变式传播，不但让人们深深地记住了品牌名，还将它与"价廉物美""有亲切感""有社会责任感"等良好的评价画上了等号，为企业带来的收益是难以估量的。

纵观这次短视频营销的全过程，我们会发现蜜雪冰城主要处理好了以下几点。

用简单的信息强化记忆

蜜雪冰城在制作短视频时，没有使用太多华丽的表现形式，也没有加入过多新奇的元素，就是用最简单的信息加上不断重复，达到了"洗脑"效果，让用户能够牢牢记住这些信息。其实这样的营销手段并不新鲜，在多年前，脑白金曾用一句广告语"今年过年不收礼，收礼只收脑白金"征服了无数消费者，至今提到脑白金，还有人对它魔性的营销方式记忆犹新，由此可见洗脑式营销的效果有多么强大。

在传播媒介铺天盖地，用户注意力越来越稀缺的今天，我们或许应当尝试这种化繁为简的营销办法，要提炼出最容易传播的信息，不断对用户强化，才能起到吸引注意力、加强记忆的效果。

选择最佳投放渠道

找到了关键信息，制作好短视频之后，我们还要寻找最佳的投放渠道，以便让短视频触达更多目标用户，并有可能引发裂变式传播效果。

蜜雪冰城选择B站发布视频，便是出于这样的考虑。B站用户具有年轻、爱好小众文化、热衷于自我表达、创意非凡的特点，B站的鬼畜区更是汇集了一些才华横溢的UP主，他们善于将各种素材组合，再创作出一段或洗脑或搞笑的视频。蜜雪冰城的主题曲视频恰好能够符合他们的口味，也能够激发他们的创作热情，因而能够实现快速传播的目的。

通过互动提升曝光率

蜜雪冰城在投放短视频后，也没有放松后续的互动环节。运营人员密切关注用户对短视频的反馈情况，精心挑选质量好的评论点赞、置顶，也达到了引领舆论的目的；在一些热门再创作微博下方，也出现了蜜雪冰城官方站的评论，而且这些评论的内容还十分有趣，吸引了很多网友点赞、回评。

在营销过程中，蜜雪冰城没有像很多官方账号那样总是板着脸、用严肃的语气说话，而是更愿意做用户的朋友，与用户打成一片、玩在一起，赢得用户的好感和信赖，这种做法无疑为很多受困于营销难关的企业打开了新的营销思路。

新媒体营销101招：
内容运营＋引流技巧＋营销推广

第3章
微信营销

第
29
招

————

第
46
招

第29招
新媒体时代微信营销的发展前景

微信本是一款通信工具，现在却成了人们生活中必不可少的一部分。根据2021年1月的数据，每天打开微信的用户数竟已达到10.9亿，其中有3.3亿用户进行了视频通话，7.8亿用户打开了朋友圈，发朋友圈的用户也超过了1.2亿，阅读公众号和使用小程序的用户数也十分可观，分别是3.6亿和4亿。

拥有如此庞大的用户基数，微信营销的能量非同一般，众多企业、个人都从微信营销中获得了巨大的利益。在新媒体时代，微信营销的发展前景值得期盼，那么，微信营销有哪些明显的优势呢？

营销信息接受度高

与其他传播媒体相比，微信符合人们的日常使用习惯，很多用户在空闲时间拿起手机后，会很自然地先点开微信图标，看看朋友圈、公众号有什么新的消息，对于营销信息的接受程度也较高。而在其他渠道，同样的图片或文字，很可能会淹没在信息的海洋中，很难被用户注意到。企业若是用邮件等形式发送营销信息，更有可能被用户直接删除，信息的曝光率远远比不上微信营销。

提升企业与用户的互动频率

"微信之父"张小龙曾经用两个关键词"连接"和"简单"来描述微信。的确，与其他社交产品相比，微信能够实现更加广泛的连接，而且功能十分简单、容易操作，有助于实现企业与用户之间更好的互动（图3-1）。

（1）在微信号中，运营人员与用户、用户与用户之间可以随时进行点对点的强互动，在互动中不但可以互发文字、图片、语音消息，还可以进行视频即时沟通。

（2）在朋友圈、微信群中，企业可以实现"点对面"的沟通，运营人员发布一条与产品或品牌有关的信息，能够被朋友圈的众多好友和微信群

新媒体营销101招：
内容运营+引流技巧+营销推广

图 3-1

微信的几种互动形式

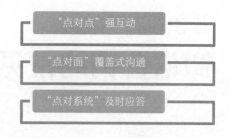

内的用户同时看到，信息覆盖面更广。

（3）用户关注企业的订阅号、服务号后，还可以实现"点对系统"的沟通。用户发出的信息会被传送到企业公众号系统中，由系统做出及时应答，能够实现批量交流。企业还可以收集、分析用户提出的问题，为用户提供更加满意的服务。

用户定位更加精准

企业开辟微信公众号后，可以有针对性地发布符合品牌调性的内容，吸引来的也是比较精准的人群，特别是那些愿意主动订阅的用户更有可能成为忠实的粉丝。企业要做的是通过后台系统对他们进行分组，利用大数据进行个性化营销，在不断提升已有粉丝黏性的同时，还能吸引到更多的定向粉丝。

便于开展营销活动

微信活动形式多样，集赞、转发、打卡、投票、抽奖、拼团、砍价等形式都很常见，这些活动流程简单，发起容易，配合有吸引力的奖励机制，能够吸引大量用户踊跃参与，传播速度也很快，可以为企业快速吸粉，还能实现低投入、高转化的目标。

进入新媒体时代后，微信营销并未过时，借助移动终端以及微信天然的社交属性、地理位置优势，微信还将为企业营销工作带来更多的便利。

微信营销的常见形式

说到微信营销，人们可能会马上想到公众号发文、朋友圈发消息、微信群群发等形式，可实际上，微信营销还有很多种方式，能够满足企业全方位、多角度营销推广的需求。

具体来看，微信营销的常见形式包括以下几种（图3-2）。

点对点营销

企业销售人员可以与用户进行一对一的聊天互动，但是在互动时不能过于急切地推荐产品，而是要先关注用户的需求，再给予良好的建议，然后顺势进行产品推荐。比如想要购买护肤品的用户会有特别的皮肤保养方面的需求，如美白、收缩毛孔、去油光、补水等，我们必须先了解清楚用户具体的需求究竟是什么，再推荐具有相应功能的护肤品，并要清楚地展示这些功能，赢得用户的认可和信任，才能打动用户，吸引用户购买。

图 3-2
微信营销的几种形式

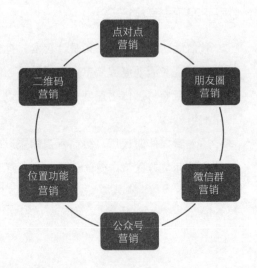

朋友圈营销

在朋友圈营销要注意发布一些高质量的内容，以便在用户心中营造出良好的形象。为了不打扰用户，我们发朋友圈不能过于频繁。

另外我们还要重视朋友圈的互动问题，要积极回复用户留下的评论，平时可以多给用户发布的内容点赞、评论，会让用户对我们产生不少好感。

微信群营销

我们可以把用户引入自己的微信群，鼓励他们在群内互动，也可以不时地发布营销信息，请他们帮忙传播。当然我们也要做好群管理工作，要注意维护良好的沟通环境，才不会让用户快速流失。

我们还可以到别人的微信群去营销推广，但一定要遵守群规，并要避免频繁发布营销信息，以免引起群主的反感，导致被踢出群。

公众号营销

微信公众号有服务号、订阅号、企业号之分。订阅号（每天可以发送1条群发消息）能够为用户提供他们感兴趣的优质内容；服务号（1个自然月仅可以发送4条群发消息）能够为用户提供直接、有效的服务，并且还支持微信支付功能；企业号主要用于管理员工、与上下游合作企业进行沟通和连接。

企业应当合理利用订阅号和服务号，如果企业建立公众号主要是为了推广品牌，就应当以订阅号的运营为主，要持续向用户提供干货信息，使订阅号成为一个重要的宣传渠道和吸引粉丝的平台；如果企业现阶段的主要目的是为用户、会员提供服务，而且对于微信支付、分组群发等高级功能需求较高，则应当主做服务号。

位置功能营销

微信有"附近的人"功能，可以帮助企业实现基于位置信息的营销。运营人员可以添加附近的用户为好友，将特色产品、优惠信息推送给用户，能够吸引用户到店消费。这种营销形式方便、快捷，与直接发传单相比，可以节约不少成本，还不容易被用户拒绝。当然用户也可以通过该功能发现线下店铺，所以我们要提前设置好头像、签名，让附近的微信用户能够一眼就看到我们的信息。

二维码营销

我们可以在企业网站、广告信息、宣传画册、公众号文章中加入微信二维码，用现金红包、优惠券等奖励措施吸引用户扫描二维码关注企业账号，了解品牌信息；也可以引导用户加入社群或进入小程序，以达到沉淀粉丝、促进活跃的目的。

总之，微信营销形式灵活多样，能够为不同行业的企业提供极具交互能力的营销服务功能。企业可以选择最适合自己的营销形式，吸引精准流量、提升品牌形象，促进交易转化。

第31招
企业微信营销常见的几大误区

在移动互联网时代，无论是传统企业还是互联网企业，都不约而同地将新媒体营销当成了营销工作的重点，而微信拥有庞大的用户基数，营销覆盖面广，还能借助移动终端完成点对点精准营销，所以很多企业越来越重视微信营销的价值。

然而，不少企业虽然一直在从事微信营销，效果却很不理想，这主要是因为新媒体运营人员走入了以下几个误区。

误区1：盲目模仿其他企业

很多企业做微信营销前缺乏必要的定位，总是抱着从众心理，盲目模仿其他企业的做法，导致内容或活动缺乏特色，无法给用户留下深刻的印象，对于塑造品牌形象也没有什么帮助。为此，企业应当多从用户角度出发思考问题，要想办法向用户传递自己的品牌理念、产品特色、服务特质，同时还要带给用户有价值的东西，这样才更容易被用户接受。

新媒体营销101招：
内容运营+引流技巧+营销推广

误区2：一味追求粉丝数量

很多企业在进行微信营销时非常关注粉丝数量，总觉得自己的流量池越大越好，可事实上，流量池是否有效并不完全由粉丝数量来决定。

有的企业花费了大量成本，通过投票、发红包、病毒式H5推广等方式吸引来了粉丝，更有甚者，会直接花钱去购买一些"僵尸粉"，从表面上看，企业的微信粉丝数量十分可观，但营销能力却并没有得到提升，因为这些粉丝并不是企业的目标用户或潜在用户，对产品或品牌几乎没有任何黏性，活跃度也极差。像这样单纯依靠营销手段建立起来的流量池就是没有意义的，所以企业应当将注意力从追求粉丝数量转为重视粉丝质量，要想办法提升有效目标用户在粉丝总数中的占比。

误区3：将微信营销等同于群发信息

很多企业在进行微信营销时手段粗暴直接，要么直接将营销内容分享到微信朋友圈，要么在微信群发广告，分享数量虽多，却没有产生明显的效果，有时还会引起用户的反感。因此，企业应当改变落后的做法，在推广时，一方面要注意提升内容的质量，以获取用户的信任和持续关注；另一方面，运营人员要注意对用户分类，再进行精细化推送，为不同类型的用户提供不同的信息，以提升营销的效果。

误区4：缺乏与用户的沟通互动

企业进行微信营销，不能一味向用户推送信息，却从不听取用户的反馈意见，这样的单向营销是不够人性化的，会严重损害用户体验。所以企业一定要注意与用户保持互动，这样不但能够提升用户对企业的信任度，还可以深度挖掘用户的需求，以便改进产品和服务；而在用户微信、朋友圈或公众号留言区留下了批评和建议的时候，运营人员更是要注意在第一时间与用户沟通，并要想办法为用户解决问题，这样才能给用户留下一个负责任的印象，也有助于塑造企业或品牌的良好口碑。

需要指出的是，运营人员要注意不能将自动回复当成与用户的互动。自动回复功能虽然能够减少用户的等待时间，但却给用户留下"缺少人情味"的坏印象，所以自动回复不能完全取代人工回复，这一点也是我们需要特别重视的。

第32招
如何通过微信获取客户资源

现代企业资源不再局限于人才、资金、固定资产、原材料等内部资源，而是可以拓展出更加广阔的内涵，像客户资源就是一种非常重要的外部资源。在当今市场竞争日趋白热化的情况下，拥有可观而稳定的客户资源，能够为企业赢得更大的生存和发展空间。因此，企业应当重视客户资源的获取和维护工作，而微信能够在这方面为企业提供很多帮助。

众所周知，微信是很多客户必不可少的沟通工具，我们可以利用微信获取新客、提升成交率，还可以提升老客的复购率，增加老客的黏性。下面我们就来看一看微信是如何帮助企业获取客户资源的（图3-3）。

通过"摇周边"获取客户

企业接入"摇一摇周边"后，能够更加便捷地连接周边用户，为用户提供快速服务。而用户打开手机蓝牙功能后，在微信中开启"摇一摇"，就能够在"周边"页发现距离最近的门店，还能和运营人员即时互动，可以获知优惠信息，也可以在购物或接受服务后进行评价。这种获客方式特别适合零售、餐饮企业、展馆、景区等实行。

通过"附近的人"获取客户

运营人员可以用个人微信号搜索"附近的人"并添加好友，再与对方进行沟通，待双方比较熟悉后，就可以尝试将公众号发送给对方，如果对

图3-3
微信获客的几种方式

方感兴趣的话，会浏览公众号文章、点击关注，并有可能会成为企业新的客户，不过这种获客方式比较费时费力。

我们也可以等待附近的用户主动添加我们为好友，而这要求个人微信号的头像、名字、简介有足够的吸引力。

通过微信换群获取客户

微信群用户数量上限为500人，想要快速拓展客源，我们可以尝试"换群"，即与互补商家（有同样的目标用户，但分属不同行业，没有直接竞争关系）置换群客户资源，这样就能在较短的时间内拥有大量客户，既省时又省力。

通过公众号互推获取客户

我们可以与其他公众号合作，进行相互推荐，能够提升账号曝光率，吸引目标用户的注意。互推的形式有一对一互推、多方组合互推等，也可以通过朋友圈互推，让对方的微信好友来关注我们的公众号。

需要指出的是，可以互推的公众号不能随意选择，而是要寻找那些与自己的公众号类型相同或接近但又没有竞争关系的公众号，同时我们还要查看对方的文章阅读量，并要考察对方的账号风格、粉丝群体属性与自己是否相似，我们只有与符合这些条件的公众号进行互推，才能确保吸引来的是比较精准的客户资源。

通过群好友裂变获取客户

社群裂变的获客速度是非常惊人的，我们可以根据实际情况设置一些奖励措施，鼓励群成员转发信息给好友或发到朋友圈，帮助宣传品牌或产品信息，吸引更多目标用户主动关注；我们也可以直接告知群成员：拉多少人进群可以获得什么样的奖励，群成员满多少人后全体成员又能得到什么样的奖励。某教育培训机构就制定了这样的奖励机制："邀请5位家长进群送小风扇，邀请10位送书包，邀请30位送儿童拉杆箱……"因为奖品对家长有较强的吸引力，所以他们的参与积极性很高，在几个小时内就拉到了两三百人。

这种获客方式看似简单，但确实产生了不错的效果，主要是因为它能够切中用户心理，又能够利用微信的强关系链不断扩散影响，才能实现获客目的。我们在具体操作时，可以设置一些更加合理的规则，也可以修改流程，让获客方式变得更加新颖、有趣，源源不断的客流自然会纷至沓来。

如何使用微信管理客户资源

微信获客的环节非常重要，但引来了大量客户后，企业更要做好客户的管理工作，这样既可以避免客户轻易流失，又可以预防员工离职带走不少客户资源。

那么，我们该如何使用微信来管理客户资源呢？

为客户添加备注

客户添加微信后，我们应当及时与他们沟通，以尽可能收集个人信息。如果客户愿意提供真实姓名，我们应当在第一时间把客户的昵称改为真名，之后可以在备注中写上性别、年龄、住址之类的信息，这样更便于我们与客户展开后续交流，同时微信通讯录也会显得更加整齐，易于管理。

为客户添加标签

掌握了客户的基本信息后，我们可以给他们打上相应的标签，比如"男性、20～30岁、北京、硕士在读、新客户、成交产品B""女性、30～40岁、上海、本科、未成交、意向产品A"，这就是从性别、年龄段、住址、教育程度、消费次数、意向产品等维度为客户打标签，以形成具体的用户画像，便于开展后续的营销工作。

需要指出的是，这种标签我们不必急于做全、做细，而是可以根据营销推广的实际需要添加或删除标签，比如有的企业有打通线上、线下销售环节的打算，就可以增加"线上成交""线下成交"等标签，以便了解客户的具体来源。

对客户进行分组

我们可以根据标签对客户进行分组，比如将客户分成"男性"标签组、"北京"标签组、"新客户"标签组等。这种分组工作可能会显得比较烦琐，但却能发挥很大的作用。

比如我们打算在朋友圈发一条针对老客户推出的福利活动信息，但不希望这条信息被新客户看到，此时标签分组就能帮我们解决这个问题，我们只要选择"部分可见"，再选择相应的标签分组即可。同时我们还可以选择"提醒谁看"，再选择"老客户"标签组，就能确保老客户不会错过这个活动了。

完成了上述这些工作后，我们可以针对不同的客户标签组推出不同的营销策略，能够起到更加理想的营销效果。

第34招
如何打造一个有助于营销的微信号

为了更好地与用户进行一对一沟通，提供完善的服务，进行有针对性的营销，企业销售人员、服务人员有必要打造有助于营销的个人微信号。

那么，在设置营销型微信号时，有哪些需要注意的地方呢？

微信号和昵称的设置

微信号要容易记忆和推广，而且最好与企业的营销定位相关，比如母婴育儿企业的员工账号，可以用"yuer×××"作为微信号，也可以直接用手机号码当作微信号，更适合用户记忆、保存。

至于微信的昵称最好不要使用英文名，而且要避开生僻字，也不要设置得很长。另外，昵称可以加入企业名称、职位标签等，以便客户能够对号入座。比如童装企业的员工就可以将微信昵称直接设置为"××童装销售经理×××"。

头像和个性签名的设置

头像是微信号的第一广告位，我们在设置时一定要考虑用户的观感，最好能够采用本人正面正装照片，形象要显得阳光、积极向上，这样更容易让用户接受和信任，便于开展后续的营销工作。

另外，个性签名也很重要，我们可以把品牌名、产品关键词、联系方式等都写在个性签名里。如果公司业务或产品较多的话，应当写入主营业务或者核心产品，避免给用户留下"不够专业"的感觉。

所在地区的设置

有的员工不太重视所在地区的设置，其个人信息页要么不显示地区，要么会显示"安道尔"这种系统默认地区，用户看到这样的设置后会觉得不太舒服。所以我们可以把地区设为企业总公司所在地，以增强用户的信任感。

微信的隐私设置

一般用于营销的微信号可以把所有的隐私项打开（图3-4），让用户可以通过附近的人、手机号、QQ号、微信号等所有渠道找到我们，方便进行营销推广。

不过如果用户消费层次比较高，或者产品单价较高，我们最好还是开启好友验证，以免客户觉得这个产品不值得珍惜。

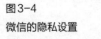

图3-4
微信的隐私设置

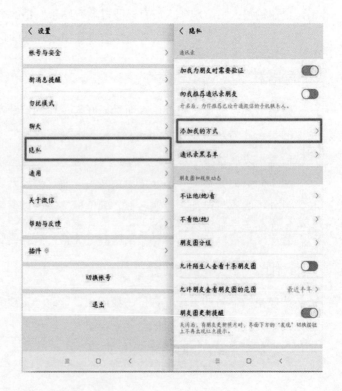

新媒体营销101招：
内容运营＋引流技巧＋营销推广

朋友圈封面设置

朋友圈封面是很多人容易忽略的地方，很多人往往会随便找一张风景画做背景，可实际上，这个位置是一个高曝光的广告位，无论是陌生人还是朋友都能够看到。因此，我们要充分将它利用起来，可以在背景放上品牌宣传页、主打产品图等。

此外，朋友圈的内容设置也不能过于随意，最好能够围绕本行业发布相关内容，而不能想起什么就发什么。如果内容不够聚焦，客户就无法识别我们的身份，也无法建立起足够的信任，我们也就无法影响和打动用户了，所以一定要注意避免。

第35招
如何规划和设计一个受欢迎的公众号

微信公众号（微信公众平台）是企业重要的营销阵地，很多企业对此也非常重视，想要借助公众号传播品牌理念，培养流量池。然而在现实中，很多企业辛苦运营一番，公众号却不受用户的欢迎，文章阅读量和关注数量寥寥无几，也就是说，企业在公众号运营方面的投入和产出严重不成比例。那么，我们应当如何规划和设计一个受欢迎的公众号呢？

要对公众号进行精准定位

企业公众号一定要围绕自己的品牌理念、产品特色等进行清晰的定位，比如名创优品的品牌理念是"健康、休闲、优质、创意"，粉丝群体以时尚、爱美、喜欢新鲜有趣事物的年轻女性为主。运营团队根据这些特质将公众号定位为"生活的引导者"，再从这个定位出发精心打造内容，并运用用户的思维方式、语言习惯和他们对话，从而打造出了有个性、有温度的公众号，在短时间内圈粉无数。

企业可以借鉴这种做法，找到自身的清晰定位，将企业的品牌调性与用户需求完美结合，才能让公众号成为提升用户黏性、拓宽营销渠道的有力抓手。

持续在内容上发力，提升对用户的吸引力

有了精准的定位后，我们还需要精心打磨公众号内容，切勿从投机取巧的心理出发去发布一些低质量的文章或是直接搬运他人的文章。

同样以名创优品公众号为例（图3-5），运营团队会从目标用户的关注点出发去挖掘关键词，再生成选题。平时他们还会对历史发文数据进行分析，找出爆款文章的共性，在选题时也可以作为参考。行业爆文、资讯平台的热点话题也可以

图3-5
名创优品公众号内容

新媒体营销101招：
内容运营+引流技巧+营销推广

成为素材，运营团队会从中提炼出最适合的用户兴趣点。

之后，运营团队会召开选题会，对上百个选题进行比较，再选出最优的选题进行内容创作。在内容上则要注意观点鲜明、情感丰富或是有较多的干货，比如公众号中会有一些两性情感类的文章，能够让用户获得心灵的触动，另外还有很多关于衣着穿搭、护肤、家具收纳之类的干货文章，能够给用户带来不少启发，所以用户会情不自禁地收藏、关注。

另外，运营团队对标题也非常重视，会采用各种技巧取多个备选标题，再让成员投票，选择票数最高的标题。按照这样的方法去打造内容，公众号不但能够吸引用户的眼球，还能够让用户有所收获、有所共鸣，他们自然会成为公众号的忠实粉丝。

进一步提高公众号的辨识度

为了打造独树一帜的风格，提升用户对公众号的辨识度，我们还需要做好视觉设计，要让公众号的形象高度统一且富有美感，头像、文章头图、文章排版、图片和视频的风格、结尾等等都能够符合企业或品牌自身的调性，这样更有助于树立品牌形象，提升品牌知名度。

比如文章最顶端的头图就要凸显LOGO、公众号名称、品牌语等，以便在第一时间抓住用户的目光；再如文章末尾可以再次强调品牌语，再加上体现账号主旨的小图标、二维码等，让用户加深印象，引导用户关注。这些小细节看似微不足道，但如果能够坚持去做，就会起到意想不到的效果。

与用户保持多种形式的交流互动

想要赢得用户的认可，我们还要注重与用户之间的交流互动，比如可以通过公众号的留言区，鼓励用户发表意见，并要及时进行回复，以增进与用户之间的联系。另外，我们还可以通过有奖投票调查、有奖征集活动、抽奖、游戏等激发用户参与的热情。此外，我们还可以进行内容互动，即在文章中引用用户的评论、建议，或是将最活跃或最有贡献用户的名字写入文章中，让用户产生竞争感，有助于提升他们参与互动的热情。

当然，交流互动也要围绕产品、品牌来进行，而且不能过于频繁，否则会让用户产生审美疲劳，参与的积极性反而会有所下降，这一点是我们需要注意的。

第36招
如何创作有价值的公众号内容

想要吸引用户关注，公众号的内容就应当丰富有趣，以生动的形式展现。不仅如此，运营人员还应当注意持续创作对用户有价值的内容，而且要与品牌的调性相吻合，才能够达到营销推广的目标，所以运营人员要时刻考虑到内容的质量是否能够满足用户的消费需求，有没有可能实现粉丝的快速增长。

在具体创作过程中，运营人员应当特别注意以下几点（图3-6）。

内容体现出专业感

用户之所以会关注企业的公众号，可能是因为对品牌或产品有好感，也可能是对公众号上专业、高价值的内容深深吸引。比如母婴类公众号长期输出科学喂养知识，旅游类公众号为用户提供高品质自助旅游全攻略，时尚类公众号在穿衣搭配方面提供很多独到的技巧，都会引发用户关注和互动的兴趣。所以内容运营人员应当从专业角度独立策划和制作一批优质的内容，这样不但能够满足用户的需求，还能传递品牌的调性。

保持内容持续新鲜

流量无法提升、用户留存率低，有时可能与内容陈旧、枯燥有很大的关系。在移动互联网时代，信息呈现出爆发式增长的趋势，公众号只有紧

图3-6
公众号内容有价值的几个表现

新媒体营销101招：
内容运营+引流技巧+营销推广

跟形势、贴近热点，不断创作新鲜的内容，让用户在每次阅读时都能得到不同的感受，才能留住用户，并能够不断增强用户的黏性。不仅如此，经常更新优质内容，也能够促使用户分享互动，可以让公众号获得更高的曝光率及知名度。

内容要尽量丰富、生动

对于产品运营，我们提倡聚焦核心功能，"少即是多"，而在内容运营方面则恰恰相反，要创作丰富、生动的内容。比如我们可以把内容大致划分为用户喜欢的内容、专业化的内容、娱乐化的内容、社会热点内容等几大块，此外还要有体现品牌特色的栏目和内容。如果有可能的话，我们还可以创作一些非常稀缺的内容，这更是会让用户有耳目一新之感。

内容要占领更多的用户场景

内容运营人员不仅应当考虑用户的需求和体验，还应当结合用户阅读的"场景"来创作内容。比如我们可以创作一些碎片化的信息，让用户在等公交、坐地铁、吃午饭这种碎片时间内就可以阅读；而当用户在户外行走时，可以用音频类的信息填补时间；在用户休闲时，则可以观看视频类的信息。也就是说，内容运营要考虑到不同的场景，尽可能展现不同形式的内容，做到图文并茂，音、视频俱全，才能让用户的依赖性不断提高。

内容要有互动性

想要提高用户参与的积极性，增加他们的黏性，我们在内容上还应当注意提高互动性。比如可以在内容中加入趣味问答、抽签、藏福利、投票等有趣的环节，也可以在内容最后主动邀请用户评论或投票、讨论。为了鼓励用户互动，我们还可以提供一些奖励，吸引用户点击参与。

除了上述这些要点外，在创作内容时我们也不能忽略排版、配图、审核之类的细节，因为这也会影响内容最终呈现的效果。不妨想象一下，当用户看到排版错乱、错字连篇、配图无关的内容时，会对品牌产生什么样的印象？所以我们一定避免这些问题，要确保内容创作的每个环节都能执行到位。

如何用精心制作的标题引爆传播

移动互联网上的信息层出不穷，想要从中杀出重围，引起用户的注意，我们不仅要用心打造内容，还可以使用带有"爆点"的标题。好的标题能够起到先声夺人的作用，可以在第一时间抓住用户的注意力。反之，如果标题不够出彩，用户就会失去点击下去的欲望。

某房地产公司的微信公众号曾经发布过一篇文章，名为《到美国买房子的感人小故事》，这篇文章内容真实、生动，结尾还非常感人，本来具有成为"爆款"的潜质，却被平庸的标题拖了后腿。后来运营人员想了个办法——没有对内容进行任何改动，只是将标题修改为《我们狠杀了一对美国老夫妇的房子售价，当我们去收房时……》，隔了几天再次发布后，这篇文章的浏览量居然超过了 500 万！

从上面这个案例中，我们可以看到标题能够产生多么惊人的效果，一个平铺直叙的标题和充满悬念的标题给用户带来的观感是截然不同的。所以在标题中带上一点神秘感，制造一些悬念，是引爆传播的一个好办法。

除此以外，运营人员在制作标题时还可以参考以下这些技巧。

利用名人效应

通常用户对于名人会有关注和模仿的心理，我们制作标题时就可以合理地加入一些能够吸睛的名字。比如《近 10 年最成功的互联网创业者：最失败的项目是什么》，这个标题如果改为《雷军、王兴、刘强东、周鸿祎等 10 位大佬，最失败的项目是什么》，效果就会更好。

加入社会热点

用户普遍存在从众和好奇的心理，在标题中跟进社会热点，就能很好地抓住用户的心。热点事件可以从微博、百度等各大平台的热搜榜中查找。比如天文学家发现了一颗距离地球 1400 光年的类地行星，这条热点消息登上了热搜榜，引起了用户的普遍关注。企业公众号的内容标题就可以借势编写，像《你距离另一个地球1400光年，距离××（品牌名）却只有一步之遥……》，就能引起用户的注意。

使用可以引起好奇心的词汇

"你试过吗？""你见过吗？""你一定不知道"等，这类能引起用户好奇心的词汇，可以召唤用户的探索精神，让他们情不自禁地点击进来，想要验证自己是否尝试过、见过文章中提到的事物。比如《你一定不知道，滴滴、美团、陌陌是如何积累种子用户的》这个标题就引起了用户的好奇，达到了10万以上的浏览量。

编写总结干货的标题

文章如果带有归纳总结干货的性质，编写标题时就可以将这个特点突出，如《无论多忙，都要从这5个方面，拯救你的健康》《程序猿都一定会收藏的20个×××方法》等。这类标题能让用户感觉到内容的质量，认为可以从中获得实用性强的观点和知识，而且标题中数字的堆积也能带给用户冲击感，因而容易受到用户的欢迎。不过，这类标题也对文章内容提出了很高的要求，如果用户点击进来发现内容并没有想象中的有价值，可能会起到适得其反的效果。

利用对比效果唤起好奇心

同样一个问题，用对比的效果表达出来，会有很强烈的吸引关注的效果。例如一篇名为《教你秒懂互联网文案》的文章内容精彩、干货多多，但流量却寥寥无几，原因就是标题平淡无奇、不够特别，无法吸引用户的眼球。后来运营人员将标题修改为《月薪3000与月薪30000的文案的区别》，用两个数字的强烈对比一下子激起了用户的好奇心，结果三天之内阅读量突破了10万。

撰写标题的技巧虽多，运营人员却需要把握一条原则：标题应当与内容完美契合，而且要富有新意。这就需要运营人员不要走捷径，做华而不实的"标题党"，否则标题十分出色却和内容关系不大，用户阅读后就会产生上当受骗的感觉，反而会对品牌的口碑不利。

第38招
如何在朋友圈进行营销推广

微信庞大的用户群使其成了产品推广的一条良好渠道。我们在进行站外推广时，一定不要忘记利用好微信朋友圈吸引用户的目光，打造出自己的流量池。

不过，在进行朋友圈推广时，很多人容易犯同样的错误——不停地用广告信息刷屏，而这无疑会引起用户的反感，届时不但无法激发他们的购买欲望，反而可能导致被屏蔽、被拉黑的后果，所以我们一定要注意避免这种无效刷屏。

那么，朋友圈推广应当注意哪些要点呢？

精心安排推广内容

想要引起朋友圈用户的好感，我们就一定要发一些有价值的、朋友比较喜爱和关心的内容。

（1）我们可以发布一些富有生活气息的个人信息，这会让朋友产生亲切感、信任感，有助于减少戒备心理。当然，这样的信息不必过多，每天发布 1 ～ 2 条即可，内容应当轻松、有趣、接地气，切忌发布一些有炫富性质的信息。

（2）也可以发布一些有信息增量的专业干货内容、同业观点分享等，这样的信息能够为朋友带来实际的价值，会得到他们的认同，也会让他们被深深地吸引，会越来越喜欢看我们的朋友圈。

（3）还可以展示一些客户对我们的好评、感谢，或是展示能够体现电商团队精神风貌的照片、视频等也可以成为不错的选择，

在这些信息中，我们可以适当植入营销信息，这样就不会显得突兀，也不会让朋友产生抵触心理。

用心设计推广形式

除了要注意推广内容外，我们还要设计好推广的形式。比如，发布信息时最好加上美观的图片，这样会更加显眼、更有吸引力。

图片的使用数量也有讲究，一般可以使用1张、2张、3张、4张、6张或9张图，这样排版后的信息看上去会比较和谐；可要是采用5张、7张、8张的配图，页面上就会出现难看的空白，会让人觉得很不舒服。

另外，我们还要注意图片的质量问题，最好选择清晰的实拍图片，不要发布像素分辨率差、缺乏质感的图片，更不能发布带有他人水印的图片，否则会给人留下不正式、不用心的坏印象。

合理设置推广时间和频率

我们一定要注意控制朋友圈的发布频率，每天发布条数在5～8条之间为佳，最好不要超过10条；两条信息之间的间隔时间不宜过短，最好不要少于1小时，以免让人有刷屏的感觉。

至于发朋友圈的具体时间，则可以根据产品和目标用户的特点来安排。比如出售的产品以办公室小零食为主，目标是上班族、都市白领，那就可以选择在清晨7:00～9:00的通勤时间发布信息，这样目标用户可以在等车、坐车、吃早餐的时候看到这条信息。而在12:00～14:00的午休时间、17:00～19:00的下班时间、21:00～23:00的休闲时间等时间段也可以发布信息。这时候目标用户是有时间和闲情刷朋友圈看信息的，我们的推广信息有较大可能会进入他们的视野，能够引发他们了解和购买的兴趣。

除了上述几点外，我们在"运营"自己的朋友圈时，还要注意做好与朋友之间的互动，以增强他们对朋友圈的黏性。

此外，我们也可以为朋友打上不同的分类标签，在发布的时候可以针对他们各自的特点进行分组发布，这样朋友圈推广会变得更加精准，转化率也能不断提高。

第39招
如何策划微信活动引爆粉丝增长率

微信活动是企业微信营销中的重要环节，它能够刺激沉睡用户、引爆粉丝增长、实现销售转化、提升品牌认知。

不过，想要让活动取得理想的效果，就离不开成功的策划和运营，为此，运营人员需要特别注意以下几点。

确定活动目的、活动主题

我们首先应当弄清楚这次微信活动的目的是什么，是促进粉丝增长，还是提升销量，还是提升品牌知名度，或是要引流到线下门店等。活动的目的不同，整个活动的主题、细节都会有所差异。

确定了活动目的后，我们还要定出清晰、简洁的活动主题，这不但会让下一步的策划工作变得目标明确，还能让用户对活动产生准确的认知。比如"关注公众号领红包"，这个活动主题侧重的就是增粉，用户一看就懂，也能够找到自己参加活动的理由——获得相应的奖励。

确定活动形式

微信活动形式多样，常见的有关注有礼、转发有奖、抽奖、投票、互动游戏有礼、留言或晒照有礼、病毒式H5互动、有奖竞猜、有奖调研等。每种活动都有自己的优缺点，我们应当根据活动目的选择易于操作的形式，同时要把活动门槛设置得低一些，并要结合实际条件给用户提供一些有吸引力的奖励，才能充分调动用户参与的积极性。

确定活动时长和周期

微信活动的时间不能过长或过短，时间过长，会让用户的参与兴趣降低；时间过短，又无法触达更多的用户，所以一定要合理策划。一般而言，微信活动的时长可以设置在7～30天之间。

新媒体营销101招：
内容运营＋引流技巧＋营销推广

至于活动的周期也不宜过于频繁，避免让用户产生一种"该企业天天都在做活动"的感觉，所以可以考虑每月发起1～2次活动，这样也比较符合用户的记忆习惯。

策划活动执行细节

为确保活动能够顺利执行，我们还需要制定详细的方案，其中要包括对具体的活动流程的设计，还要有对活动规则和奖项设置的说明。比如活动流程应当尽量简单、方便，以提升用户体验；为便于操作，我们还应当准备时间推进表，明确时间节点、责任人。

至于活动规则要符合简单、透明、公开的要求，要让用户能够快速看懂，而且规则中还要有"免责说明"，这样在用户未及时领取奖励或是出现了其他特殊情况的时候，运营人员就可以根据规则处理，能够避免很多不必要的麻烦。

打磨活动文案

精彩的文案能够对用户产生较强的吸引力，会让用户更有兴趣参加活动，所以运营人员一定要认真打磨文案，要做到清楚、精炼、亮点突出。比如某企业的微信活动原来的文案是"参加××活动，即可赢取大奖"，结果活动效果平平，远远没有达到预期；在下一次活动时，运营人员将文案修改为"动动手指1秒转发，赢取万元大奖"。在新文案中，"1秒""万元"这两个数字构成了强对比效果，对用户产生了心理冲击，让用户情不自禁地参与了转发活动，营销效果十分理想。

需要指出的是，再好的策划方案也需要进行适度推广，才能被用户知悉。为此，运营人员可以根据用户群的特征进行有针对性的推广，比如对于老用户可以通过邮件、短信进行通知，对于新用户、潜在用户则可以通过官网、微博、微信群、朋友圈、线下门店进行多维度宣传，让用户能够了解活动，进而能够产生参与活动的兴趣。

第40招
如何进行微信活动的总结反思

在活动结束之后，运营人员的工作还没有彻底结束，还需要做好活动总结、反思的工作，以分析活动的效果。在总结时，运营人员可以将活动中一些好的做法记录在案，形成文字，以供下次活动时作为参考；而对于活动中暴露出的一些问题也要深入探讨其原因，争取日后避免发生类似的错误。

为了避免遗漏，运营人员可以参考下面这份模板进行活动总结和反思（实际操作时可以根据具体的活动情况对所列举的项目进行增减）。

活动背景总结

运营人员可以用简单易懂的语言对活动的基本情况进行概括，便于回溯活动主题、目标受众，并可以大体判断本次活动的目标是否已经得到实现。

活动进程总结

运营人员可以回顾活动从预热到上线执行、奖励发放的全部进程，将每一环节用时分别列出，再与最初进行的时间预估进行对比，这可以帮我们了解各阶段工作是否已经做到位。

执行情况总结

运营人员还要回顾活动具体执行情况，以便了解各部门、各人的具体分工及完成情况，以及在活动进行中与合作单位的协作情况等。

推广情况总结

主要是回顾本次活动在渠道推广方面所做的具体措施，包括站内推广、站外推广的具体做法和产生的效果说明等，从中可以发现推广工作的薄弱环节，并能够找到最适合本企业的推广渠道。

新媒体营销101招：
内容运营＋引流技巧＋营销推广

实际效果分析

这一点应是活动总结的重中之重，为了便于比对，我们可以以图表的形式将效果数据与预期的目标数据进行对比，还可以与往期活动进行同比、环比，其中比较重要的数据指标有新增粉丝数、取关粉丝数、转化率、投资回报率等。这些数据指标即使不能反映全部问题，也能让上级和其他部门对活动成功与否有一个比较直观的认识。

最后，运营人员需要结合活动效果分析本次活动能够取得良好效果或者没能达到目标的原因，对于行之有效的新意、新想法尤其应当记录在案，而对于缺点和不足则应当给予反思，并列出具体的改进措施，供下次活动策划时进行参考。比如某次活动的目标是增粉，但效果却不尽如人意，在总结时发现有预热宣传渠道单一、活动流程烦琐、奖品不够吸引人等问题，下次活动时就可以针对这些问题进行改进。

第41招
如何选择适合自己的微店平台

企业在微信进行营销，一定要把握好微店这个分销渠道和变现工具，它能够帮助企业获得更多新客，提升经济效益，还能增加产品曝光度，并能与线下活动相结合，放大企业的营销效果。

不过，微店平台众多，微信小商店、微店、有赞、京东微店这些名字常常会让运营人员感到非常困惑，不知道该如何选择最适合本企业的平台。下面，我们就从平台运营模式、产品功能、收费策略等方面对这些微店平台进行对比，方便运营人员做出合理的决定：

微信小商店

微信小店在2020年7月已经全面下线，之后微信推出了微信小商店（图3-7），

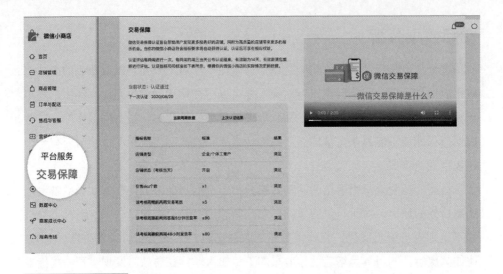

图 3-7
微信小商店界面示意图

这是一套无须自主开发、不收取服务费用的卖货小程序。企业可以在小商店上发布售卖自己的产品，也可以管理订单、物流，做好客服售后工作，还可以进行直播带货。

对于企业来说，微信小商店门槛低、运营容易，中小微企业、个体创业者很适合通过微信小商店开展电商业务，还可以通过系统入口、扫码、搜索、附近小程序、分享、公众号、微信广告等渠道进行推广，能够更加广泛地连接用户。

微店

微店是北京口袋购物旗下的电商平台，它在2014年上线后，吸引了很多用户的关注，直到现在也是店铺数量最多的微店平台。微店开店是免费的，但部分功能需要付费使用，产品功能和推广入口较少，更新迭代速度较慢，比较符合个人开店的需求。

有赞

有赞原名口袋通，2014年全面开放微信支付，支持商家入驻快速开店。目前有赞拥有微商城、有赞零售、有赞美业、有赞小程序等产品矩阵，能够为入驻商家提供丰富的支付方式、营销工具、订单和客户管理功能，营销玩法丰富、功能全面，但企业需要缴纳一定的服务费、交易费。

京东微店

京东微店是京东商城为商户提供的一套在微信快速开店的工具，目前与京东商城系统是互相打通的，商家可以同时利用微信和京东平台的流量进行营销推广，还可以在京东商城PC端完成微店管理，运营成本低、操作简洁方便。对于用户来说，因为京东微店有京东品牌的支持，购物时会更加放心。

除了上述这些平台类型的微店外，还有一些主打服务的微店，如微盟、京拍档等，主要为中小企业提供微商城、小程序等一体化解决方案，构建线上线下融合的商业服务生态体系。

在选择微店平台时，我们要考察平台功能是否能够满足本企业的需要，有没有丰富的推广资源，系统运行是否稳定，能否承载高流量的大促活动等；此外我们还要衡量平台自身的品牌影响力、市场占有率、服务保障、收费等因素，选择最适合自己的平台开设微店。

第42招
微电商如何打造爆款

无论在哪个电商平台开设自己的店铺，都不可避免会遇到打造爆款的问题，微电商也不能除外。拥有了自己的爆款商品，店铺就可以获得更多的站内免费流量，而且这些流量的精准性很强，能够促进转化，使店铺销量越发火爆。

爆款更能够带活其他商品的销量。在爆款热销的同时，店铺只要注意做好关联销售的工作，就能够让消费者的注意力从爆款转移到其他主推商品上，使得这些商品的成交量快速上升，并有可能成为新的爆款，有的店铺甚至会出现全店爆款的理想情况，转化率和成交量居高不下。

不仅如此，爆款商品还能提升店铺的资金回笼能力，并可减少库存压力，因此每家店铺都需要打造自己的爆款。

不过，打造爆款也不是一件简单的事情，运营人员只有掌握了爆款的本质，并透彻了解商品发力的规律，才有可能让一款看似普通的商品变身成为爆款。

在过去，很多店铺习惯通过花重金做广告，或是不惜降低价格，以战略性亏损的办法获取基础销量、提升搜索排名，继而制造出商品销售火爆的假象。可是这样的商品只能算是伪爆款，并不是真正的爆款。

随着搜索规则的不断调整，这种粗暴的打法早已过时，在新媒体时代，打造爆款要以移动互联网和新媒体为依托，运用大数据等先进技术手段，通过系统规划、数据分析、科学选款、活动策划、整合营销、高效执行等方法来快速地打造爆款。

在这个过程中，最为关键的是要做好以下几点。

根据用户需求做好爆款规划

想要打造爆款，就必须提前做好整体规划，为此，我们可以先分析自己所在类目的销售数据，了解类目成交占比，以便发现用户最感兴趣的产品。之后，我们可以结合企业产品的实际情况去定位最有可能成为爆款的产品，并要从标题、图片、定价、详情页等方面对产品进行全面优化。

对数据进行精细化研究

我们需要分析商品的点击率，因为点击率能够反映商品的人气情况，也可以看出它是否有成为爆款的潜质；商品的转化率也非常重要，有较高的转化率，才能证明商品符合市场的需求，满足了用户的痛点，这正是成为爆款必不可少的条件之一。此外，加购件数和收藏次数也是不容忽视的重要数据，加购、收藏越多，说明用户对这款商品越喜爱，购买欲望越强，此时只要稍加努力，就有可能会促成转化，所以多比较店铺商品的加购、收藏情况，也能帮我们找到有潜力成为爆款的商品。

依靠老客户对准爆款进行测试

选好准备打造的爆款之后，我们还可以进一步测试一下商品的潜力，比如可以在微信群里以略低于定价的价格做一个促销活动，这样就可以用很少的成本测试出商品受欢迎的程度。由于微信群中的用户有很多是老客户，进行这样的测试获得的数据是很有参考价值的。

在提升基础销量的基础上开始推广

完成了上面这个测试环节的工作后，要打造的爆款产品也有了一定的基础销量，不会再是0销量、0评价的状态了，这时才可以考虑进行推广。以微信小商店为例，我们可以将商品分享到微信群、朋友圈，也可以进行公众号推广、社群推广，还可以利用站外资源，如在微博、小红书等平台推广商品，吸引目标用户购买。如果有线下门店的话，也可以引导顾客使用小商店下单。

总之，我们需要不断地分析转化率、支付订单数、收藏率、加购率等数据，再想办法让数据不断提高，这样精心打造的爆款才能获得更加长久的寿命，也才能够为企业带来更加丰厚的收益。

第43招
如何做好微信视频号的运营工作

2020年初，微信上线了视频号功能，以弥补自己在短视频方面的缺失（图3-8）。打开视频号，我们会看到平台上的内容以短视频和图片为主，短视频时长一般不超过1分钟，支持用户点赞、评论，也可以转发到朋友圈，和更多的好友分享优质内容，用户也能在视频号的"朋友"页面看到朋友观看过的视频。视频号还支持直播功能，用户可以用新道具"微信豆"购买虚拟礼物对主播进行打赏。

对于企业来说，视频号的营销功能不容小觑。视频号诞生于微信社交平台，依靠用户的社交关系进行内容推荐，用户接受度更高，这与抖音、快手、火山等基于信息流分发的内容平台是不同的。视频号还可与公众号、朋友圈、微信群、小程序联动，能够互相引流，形成私域流量闭环。企业把握好视频号这个新颖的营销工具，可以获取低成本流量，还可以加速品牌传播，也可以通过直播带货获得更多的收益。

图 3-8
新营销工具——视频号

那么，企业应当如何做好视频号的运营工作呢？

深耕优质内容

内容是我们吸引用户、增加粉丝、促进转化的关键，如果内容平平无奇，用户不感兴趣，后续即使再卖力推广，也很难看到效果。所以我们应当用心深耕内容，要么为用户提供有价值、值得收藏的干货视频，要么想办法在视频中加入有趣的互动环节，引发用户关注、评论、传播的欲望。

至于视频的数量则宜精不宜多，我们宁可花费一周时间打磨一条有爆款潜质的视频，也不要匆匆忙忙地发布一些质量不高的视频。

做好内容推广

在发布短视频时，我们可以带上一些热门话题，或是带上地域信息，这样浏览话题的用户和附近的用户更容易看到这条短视频，有助于提升曝光率；我们还可以将短视频同步到朋友圈，也可以转发到微信群、QQ群，以发挥社群的裂变作用，让更多用户注意到我们的视频号，成为我们的粉丝。

另外，我们在运营公众号的时候，也可以宣传推广视频号；我们还可以在短视频中添加公众号链接或活动链接，用户点击链接后可以跳转到小程序商城下单购买商品。

重构涨粉逻辑

视频号涨粉不易，但是粉丝含金量很高，所以运营人员一定要"耐得住寂寞"，前期要依靠公众号、社群慢慢积累粉丝。而在制作内容时，也要考虑清楚自己的品牌定位，并要弄清自己想要传播给粉丝的理念是什么，然后准确定位自己想要吸引的粉丝，由此出发打造内容，更容易吸引来精准粉丝。

此外，为了更好地提升品牌影响力，让营销信息可以触达更多目标受众，我们也可以考虑与视频号上的KOL（关键意见领袖）合作进行推广，他们拥有的粉丝数可能不多，但是在垂直领域能够发挥较大的影响力，收取的推广费用一般也不高，能够满足企业低投入、高回报的营销需求。

第44招
如何快速拥有自己的小程序

进行微信营销时，我们一定不能忽略小程序这个方便、快捷、易用的工具。对于用户来说，小程序无需下载、无需安装、无需卸载，使用既安全又方便，而且用过的小程序还会自动出现在列表中，便于用户下次使用，所以用户对小程序的接受度是很高的。

对于企业来说，小程序也有很多天然的营销优势，比如它的开发周期比传统APP短得多，所需的开发成本、运营成本也较低，而且小程序上线后，可以关联公众号，也可以推广给微信群，还可以生成二维码，营销方式多样，引流效果明显。

那么，企业如何快速拥有自己的小程序呢？这需要运营人员做好注册、开发这两个环节的工作。

小程序注册

小程序注册流程非常简单，如果还没有已经认证的企业公众号，运营人员可以进入微信公众平台，依次点击"立即注册"——"小程序"。之后运营人员可以按照系统提示设置邮箱、密码以激活账号，再进行信息登记（主要是上传营业执照、填写管理员信息，并要通过腾讯官方的主体认证），最后登录注册号的小程序账号完成设置，等待系统审核即可。

如果已经拥有企业公众号，运营人员也可以在公众号里依次点击"小程序管理"——"快速注册并认证小程序"，就能够更加快捷地创建小程序了。

小程序开发

如果企业拥有自己的技术团队，可以考虑通过微信开发者工具自行开发制作小程序，这样开发出的小程序更符合企业的实际需要，后期维护、升级、改版也会更加方便。

如果企业不具备这种技术条件，也可以选择利用第三方平台现成的资源来生成自己的小程序，这种做法的优点是更加方便快捷，费用也比较低廉，缺点是不能很好地体现企业的特色，无法给用户留下深刻的印象，而且后续的维护工作可能会出现问题。所以企业在选择第三方平台时一定要非常谨慎，要注意考察该平台的系统是否稳定，模板设计是否合理，功能是否实用，售后服务是否完善。

除了上述两种方式外，企业也可以寻找专业的小程序开发商定制自己的小程序，这样做的好处是能够省去组建开发团队所需的时间和成本，而且小程序的风格、功能也能满足企业的需要，便于企业进行后续的营销推广工作。需要注意的是，市场上的小程序开发商水平良莠不齐，有时还存在乱收费的问题，对此，企业应当注意甄别，才不会在开发小程序时花冤枉钱。

新媒体营销101招：
内容运营+引流技巧+营销推广

第45招
小程序变现需要解决哪些问题

在拥有了小程序后，我们还需要思考如何通过小程序快速变现。只有实现了变现的目标，前期进行的开发工作才有价值。

为此，我们首先应当解决以下几个问题。

小程序的用户定位是否准确？

用户定位是小程序变现的首要因素，所以我们在运营小程序时，应当分析自己的目标用户群体，掌握用户的真实诉求，再制定相应的营销策略，才能获得精准用户，并能够促进消费。

以美妆企业为例，我们可以根据自身品牌和产品的特点准确界定用户群体，比如用户是18～35岁、时尚品位较强、热衷新鲜事物的青年女性群体，或者用户是35～55岁、有固定消费习惯和较强消费能力的成熟女性群体等。不同群体的用户诉求有很大的差异，小程序在开发和运营时应当直面这些诉求，提供相应的功能和内容，这样才能体现出对用户的价值，也才能为后续变现打下坚实的基础。

小程序是否能够提供满意的用户体验？

想要实现小程序变现，我们还要注意从用户角度改进操作流程，以提升用户体验。否则小程序操作流程烦琐或是响应速度很慢，用户感觉不满意、不方便，就会关闭程序。

因此，运营人员可以分析小程序被打开的次数、页面浏览量等数据，再据此改进设计。比如可以让导航栏变得更加简洁，活动变得更加明显，使用户能够对小程序的功能和价值一目了然。另外，运营人员还要根据用户的日常操作习惯来简化操作流程，让用户只用最短的时间就能够满足自己的需要，这样能为用户节省不少时间和精力，也会让他们对小程序增加不少好感。

小程序是否能够留住用户，并能够带动复购？

很多企业都曾经遇到过这样的问题：辛辛苦苦开发了小程序，却留不住用户，很多用户只使用了一次小程序就离开了。

之所以会出现这样的问题，是因为运营人员没有做好留客和引导复购的工作。为此，运营人员可以考虑借助营销插件开展活动，比如可以设置"签到"玩法，让用户在小程序上连续签到若干天，可以获得一定的积分或奖品；也可以用可观的折扣吸引用户为储值卡充值，能够达到留客、锁客的目的；运营人员还可以设置优惠券，也能起到引导复购的作用，比如麦当劳的小程序就有积分优惠券、社交礼品卡等设计，能够吸引用户注册留存，还能刺激用户的购买欲望。

小程序的盈利模式是否清晰？

企业想要通过小程序变现，还应当具备清晰、具体的盈利模式。为此，运营人员应当想办法将用户需求与自身产品或服务相结合，以提升转化率，为企业带来源源不断的利润。

一般而言，企业小程序的常见盈利模式有以下几类（图3-9）。

（1）小程序商城。企业可以通过小程序商城直接发布、出售产品，还可以即时管理用户订单、设置推广活动，能够提升用户流量和产品销量，有助于实现快

图3-9
小程序的连接方式与盈利模式

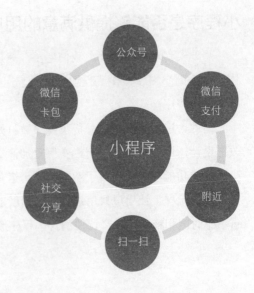

新媒体营销101招：
内容运营+引流技巧+营销推广

速变现目标。

（2）技术服务。技术型企业可以充分发挥自己的优势，为有需要的企业或个人提供小程序定制开发服务，或是为已经拥有小程序，但在维护、升级等方面遇到困难的企业或个人提供技术支持，再收取一定费用。

（3）社群电商。企业可以在公众号文章中插入小程序卡片，也可以通过视频号、微信群散发小程序，以触达更多的用户，并可以让用户对品牌、产品产生了解的欲望，容易引发购买行为。

（4）线上、线下联动。企业还可以将小程序引来的用户引导到线下门店，带动一轮消费。比如餐厅、咖啡馆就可以通过"附近的小程序"向用户发放抵扣券，吸引用户前往线下门店消费；通过小程序获得的用户信息也可以成为一种宝贵的资源，能够帮助企业了解用户的消费习惯和消费偏好，企业据此进行产品推荐、活动设计效果会更加理想。

企业应当尽早明确小程序的盈利模式，这样在开发制作小程序的过程中就不会偏离方向，后续运营工作的目标也会更加清晰，小程序的表现能力就会更加出色。

第46招
运动品牌李宁如何进行微信营销

运动品牌李宁由最初专门经营运动服装发展为拥有运动服装、运动鞋、运动器材等多个产品系列的专业化体育用品公司。

从2010年起，李宁曾经启动过"品牌重塑"工程，改变了沿用了20年之久的李宁品牌LOGO，还将"一切皆有可能"的口号更改为英文"Make the change（让改变发生）"，并发布了"你不了解90后"的系列广告，试图更好地抓住年轻用户，结果却引发了极大争议。新的品牌定位不仅损害了李宁作为民族品牌所具备的亲民、荣誉感，还丧失了70后、80后主流用户的支持，导致销量急剧下滑，甚至造成了货品严重积压。经历了从2012年起的连续3年亏损后，李宁在2015

年对品牌调性重新定位，将品牌口号变回老顾客耳熟能详的"一切皆有可能"，同时回归专业体育运动的本质，为用户提供具有科技含量的新产品如"李宁云"产品和智能产品如智能跑鞋等，逐渐树立起专业的品牌形象，加深了用户的认知。

在对品牌进行重新定位之后，李宁又对产品设计、品牌形象塑造、营销推广等方面进行了重新部署规划。考虑到85后、90后、95后等年轻消费者特别是线上用户已经成为品牌的消费主体，而他们具有喜爱新鲜事物、热衷于社交传播的特征，李宁由此出发进行新媒体营销创新，不仅建立了自己的线上跑步社区，还在微博、微信平台从事精准化品牌营销推广，使品牌与年轻人保持紧密的连接。

在微信平台上，李宁的营销举措包括以下几个方面。

构建微信营销矩阵

李宁拥有"李宁""李宁零售""李宁跑步""李宁训练"等官方公众号，构成了一个公众号矩阵，每个公众号有各自的侧重点，不但能够让用户获知品牌最新动态和产品信息，还向用户提供专业前沿的运动装备资讯、健身训练技巧，让用户能够被最新鲜的运动潮流文化深深吸引。

李宁还设有"李宁官方旗舰店""李宁CLUB""李宁积分商城"等小程序，打通了微信购物环节，让用户能够即时浏览商品、下单购买，用户获得的积分也可以用来兑换产品、优惠券，或是进行抽奖。众多的玩法不但提升了用户参与的兴趣，还能够促进复购、增强用户黏性。

向用户提供全方位服务

进入"李宁"官方公众号，我们会看到公众号底部按照"宁·尖货""宁·商城""宁·精彩"分为三大板块，每个板块都有各自的内容分类和功能链接（图3-10）。

比如"宁·尖货"就能满足用户了解最新产品的需要，点击后可以了解李宁当季新款的详细信息，还能体验产品融合的新科技亮点，充分吸引了用户的眼球；而在"宁·商城"板块，用户点击相应链接就可以进入"李宁篮球官方网站""李宁跑步官方网站""李宁运动时尚官方网站"等五个专业网站，这也是李宁专注耕耘的五大品类，可以满足资深爱好者的需求；至于"宁·精彩"则提供了会员中心、客服中心、查找附近店铺等功能链接，方便用户到线下门店购物，

图 3-10

李宁借助微信向用户提供全方位服务

也可以及时解决用户提出的售后咨询和投诉问题。众多的入口既能引导用户行为、带动进店率，又能提升品牌影响力，增强用户对品牌的好感和信任。

营销事件推动传播热潮

2018年，李宁将品牌名更改为"中国李宁"，产品设计融入了传统中国元素，还登上了纽约、巴黎时装周，引发了微博和微信朋友圈的刷屏热议。

李宁抓住机会发布了"国潮来袭"的文案和中国风海报，更是引发了用户传播的热情。李宁的品牌美誉度也得到了很大提升，在用户心中成了"国产之光"的象征，这无疑会让后续的营销推广工作获得事半功倍的效果。

精准投放广告

除了事件刷屏外，李宁还精准筛选实际购买人群，在朋友圈投放广告，促进了线上销量的突破。2020年"双十一"期间，李宁的朋友圈广告以"尖货""新品""超值优惠"等元素吸引目标用户，广告中还使用了小程序直购功能，用户只要点击广告就可直达李宁官方旗舰店下单购买。有数据显示，这一系列朋友圈广告的点击量超过了106万次，销售总额超过360万元，客单价高达320元，广告单日回报率最高达到6.61。

李宁的种种举措提醒了我们，在现阶段进行微信营销，应当明确新兴年轻消费群体的消费特征和爱好，把握潮流元素，设计年轻化的传播策略，而在传播推广时要注意把握品牌核心价值，打造优良的营销内容，让品牌理念能够得到用户的衷心认同。

与此同时，我们还要用好微信提供的各种功能，为用户提供立体化、全方位的服务，让用户能够更加喜爱和信赖品牌，并能够培养出稳定的消费习惯，成为忠实顾客的一员。

第4章
社群营销

第
47
招

——

第
59
招

移动互联网时代，不可或缺的社群营销

在移动互联网时代，传统营销模式已经被彻底改变，企业应当抓住社群的概念，用社群聚集大量用户，再以社交、互动的方式与用户打交道，在宣传、推广产品的同时，也能将品牌理念、企业文化植入用户心中。

所谓社群，简单地说，就是把有共同兴趣，爱好的人聚在一起，形成一种圈子生态。而社群营销，就是利用社群概念，以网络社区、社会化媒体等为载体，构建出的一种网络营销模式。

与传统营销模式相比，社群营销至少具有以下这些不容忽视的优势。

极低的成本

社群营销的一大显著优势就是极低的成本，我们不用花费高昂的费用去投放广告，而是可以先在社群中免费进行营销推广。进行社群营销也比较省时省力，无需太多销售人员即可进行，也能够为企业节省一笔人员开支。不仅如此，社群中的成员还有可能成为免费的传播者，让企业可以以零成本取得巨大的营销效果。

精准营销

现在有不少企业还在大量使用效率低下的传统营销模式，如电话访问、登门拜访、传统广告宣传等，由于用户对产品不熟悉，对品牌不了解，营销的成功率很低。而社群营销却是从一开始就要定位精准目标用户，再想办法将这些用户聚合在自己的社群中，然后不断挖掘用户需求，制定相应的营销策略，这样营销效果更好，用户对品牌和产品的信任度也会更高。

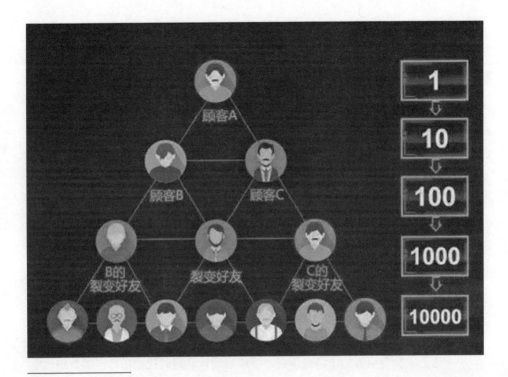

图4-1

社群裂变效果示意图

裂变传播

社群营销还可以为企业带来裂变式的传播效果，使得企业在不增加大量成本的情况下，业绩能够得到显著提高。而这只需要运营人员预先设计好裂变规则和有吸引力的收益，带动社群中的种子用户参与活动，就能通过朋友圈、微信群、QQ群等渠道产生裂变效应，吸引更多用户参加，从而能够给社群带来惊人的新粉丝数，还能促进转化率的增长（图4-1）。

有效交流

在传统营销模式中，企业与用户之间就是卖方和买方的关系，双方发生直接交流的机会很少，企业对用户的具体需求了解得不够清晰，对一些新的市场趋势反应也比较慢；而社群营销却拉近了企业与用户之间的距离，让以前的"一锤子买卖"变成了长期的交往和互动。企业可以进行更加"人性化"的推广宣传，让用户在适当的场景中更好地了解产品价值，用户还能够了解企业文化，接受品牌理念，很容易对品牌产生出信任感和依赖感，不会轻易选择其他品牌的替代产品。

口碑推广

移动互联网放大了口碑传播的声量，产品的质量、服务的好坏等等都会通过用户之口传递给更多的人，而好的口碑能够拉动消费，使品牌更具影响力，所以企业都很重视打造好的口碑。

在社群环境中，口碑传播变得更加容易，群成员会自然而然地将自己对产品、服务的良好感受分享出去。在这个过程中，运营人员也可以给予适当的奖励，对群成员进行激励，使他们更加愿意通过自己的关系网介绍和推荐产品、服务和品牌，使得口碑营销的效果不断升级。

正是由于社群营销具有如此明显的优势，我们才应该更加重视构建社群、激活成员的参与感、放大传播效果，而社群强大的"粉丝效应"也将让企业拥有更强的市场竞争力，能够移动互联网时代走出自己的新路。

第48招
构建社群需要明确的五大问题

酷6网创始人李善友曾经说过："产品是1，社群是0。社群能够把你的商业价值加上倍数来变现你的商业价值。"

的确，社群裂变的力量是超乎想象的，它能让"1"快速裂变为"10""100""1000"…当然，想要实现这样的效果，我们首先要构建精准、活跃的社群，这种社群不是简简单单地拉人进群，而是要考虑好多个问题，做好清晰的规划，才能保证社群能够持续运营。

那么，在构建社群的过程中，我们需要明确哪些问题呢？

新媒体营销101招：
内容运营＋引流技巧＋营销推广

构建社群的目标是什么？

企业建立社群，主要目标有销售产品、提供服务、打造品牌、拓展客源等。我们必须先弄清楚社群的目标是什么，才能具体规划社群的运营周期、规模大小、人群类型、变现模式。

社群想要聚拢什么样的人？

社群要聚拢的是精准用户，特别是最初的"种子用户"更为关键，他们有共同的兴趣、价值观，在社群中容易产生共同语言，对品牌文化也非常认同。

在种子用户之外，我们还可以适当扩充用户规模，以形成较强的社群势能，但这并不代表社群用户就要越多越好。英国牛津大学的人类学家罗宾·邓巴曾经提出过"150定律"（即"邓巴定律"），指出人类的智力允许人类拥有稳定社交网络的人数是148人，四舍五入为150人。这条定律提醒了我们要注意控制社群的规模，而在社群人数逐渐增多的时候，就要采取适当的方式引导成员沟通互动，并可以设计一些活动或给予一定的福利，以激活成员互动的积极性，才能不断增强社群的凝聚力、改善社群氛围。

社群能够给用户提供哪些价值？

用户愿意加入社群，可能有咨询求助、分享产品相关知识、获取优惠福利等方面的原因，也有可能是情感受到打动，内心产生了共鸣，才愿意加入这个社群；还有部分用户是对品牌文化、价值观十分认可，所以会主动加入社群。

这也提醒了我们，在社群运营中一定要注意凸显这些价值，才能对目标用户产生吸引力，并能够提升用户的黏性，让社群能够稳健发展下去。

社群引流路径是否清晰？

社群可以从哪些渠道引来源源不断的用户，这也是我们需要尽早理清的问题。比如我们可以从自己的公众号、微博、抖音、快手等渠道为社群导流，也可以通过付费渠道投放广告扩大影响力，吸引目标用户的注意，还可以通过种子用户的口碑介绍，形成病毒性传播的效果，使社群用户数量快速增长。

社群如何实现变现目的？

构建和运营社群，绕不开商业变现的问题，提前做好这方面的规划，对于社群长远发展非常有利。目前比较常见的社群变现模式有会员费用变现、知识付费变现、社群广告变现、活动变现、产品变现、众筹变现等。

在具体施行时，我们可以先进行小范围的尝试，看看哪一种变现方式更适合我们的社群，也可以结合几种变现方式，不断沉淀核心用户，提升社群价值。

第49招
如何为社群找到种子用户

进行社群营销，"种子用户"能够发挥十分重要的作用。"种子用户"往往自身具有一定影响力，主动传播能力也很强，能够吸引更多目标用户，他们就像是扎根在产品沃土中的一粒种子，会生根发芽并长出累累硕果。

正是因为这样，很多企业都在努力寻找自己的种子用户，一些知名的互联网企业，如小米，最初就是靠着种子用户的扩散逐渐被更多的目标用户所熟知。与花费大量资金购买广告位做宣传相比，种子用户的营销成本更低，而且在适当的条件下，有可能发生引爆式的宣传效果。

那么，我们应当如何获取和维护种子用户呢（图4-2）？

准确定位种子用户

想要找到种子用户，我们首先应当对其进行准确的定位。种子用户与活跃用户、目标用户、核心用户等的内涵都不同，比如活跃用户使用产品的频率很高，但他们不一定有种子用户的影响力；核心用户虽然有一定影响力，但不一定具有种子用户那种主动分享和传播的精神。所以运营人员

新媒体营销101招：
内容运营+引流技巧+营销推广

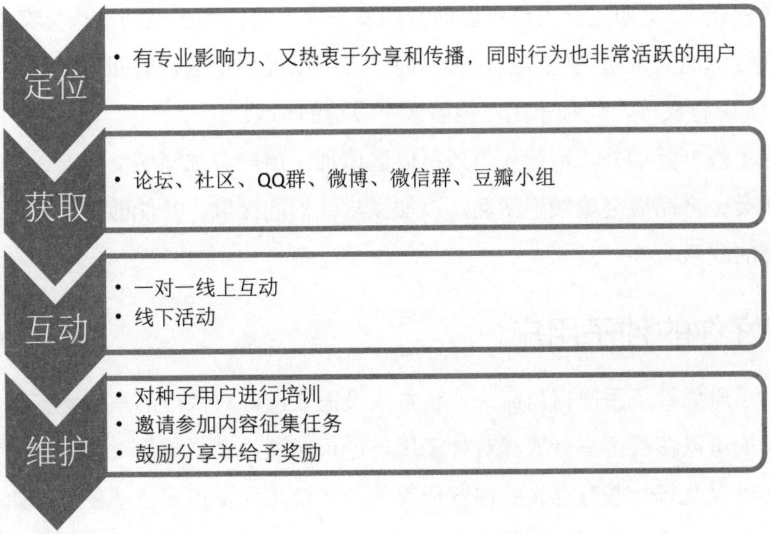

定位	• 有专业影响力、又热衷于分享和传播，同时行为也非常活跃的用户
获取	• 论坛、社区、QQ群、微博、微信群、豆瓣小组
互动	• 一对一线上互动 • 线下活动
维护	• 对种子用户进行培训 • 邀请参加内容征集任务 • 鼓励分享并给予奖励

图4-2
种子用户的获取与管理

应当将目光集中到那些既有专业影响力、又热衷于分享和传播，同时行为也非常活跃的用户身上，再想办法将他们作为"种子"引入自己的社群。

找到并获取种子用户

在成功定位种子用户之后，运营人员可以到这类用户经常出没的论坛、社区、QQ群、微博、微信群、豆瓣小组去寻找。在寻找种子用户时我们一定不能脱离品牌的调性和产品的性质，比如"时尚款"的品牌可以到小红书、论坛时尚版块寻找种子用户；"文艺范"的品牌适合到豆瓣、知乎去寻找"同好"；"技术流"的品牌更适合到专业论坛去寻找种子用户。必须指出的是，种子用户的数量不必多，但质量一定要精，才更有利于后续的社群营销工作。

做好与种子用户的互动

找到种子用户后，运营人员可以通过私信、私聊、留言等方式与他们进行一对一的互动，这种互动非常考验技巧，特别是在向种子用户介绍品牌、产品时一定要突出能让他们感兴趣的价值点，等他们被打动之后，再向他们发出邀请入群的"橄榄枝"。比如运营人员可以向他们发送内容简洁而真诚的邀请文案，明确地告诉他们希望他们做到什么，而己方可以提供什么样的回报如现金奖励、VIP特权等，让种子用户能够产生心动的感觉。

除了线上互动外，运营人员还可以邀请种子用户参加同城交流会、新品发布会、产品展会等线下活动，以加深与他们的接触，并能够建立起更加紧密的联系。

维护好你的种子用户

为了避免种子用户白白流失，运营人员需要做好对用户的系统维护工作，比如可以在群里举行课程对种子用户进行培训，增进他们对品牌的了解；还可以发布一些有意义的内容征集任务，拉动种子用户主动参与；如果种子用户能够在社群中贡献有价值的内容，运营人员就要给予适当的奖励，并最好能够形成一套特别的激励机制。

运营人员也可以给种子用户提供足够的素材，鼓励他们对品牌发表自己的看法，再引导他们与其他用户分享，以达到广泛传播的目的。

第50招
吸引用户加入社群的几大渠道

随着种子用户的加入，社群氛围逐渐趋于稳定，此时我们可以借着良好的势头，吸引更多的目标用户和潜在用户加入，让社群能够不断壮大。因为只有当社群达到一定的人员基数后，才能实现可观的转化效果。

那么，有哪些渠道能够帮助我们吸引更多用户呢（图4-3）？

QQ群

QQ群可以成为我们吸引用户的一个主要渠道，比如生产体育用品的企业就可以通过兴趣爱好群寻找有健身、运动爱好的用户加入自己的社

新媒体营销101招：
内容运营+引流技巧+营销推广

图4-3
吸引用户加入社群的渠道

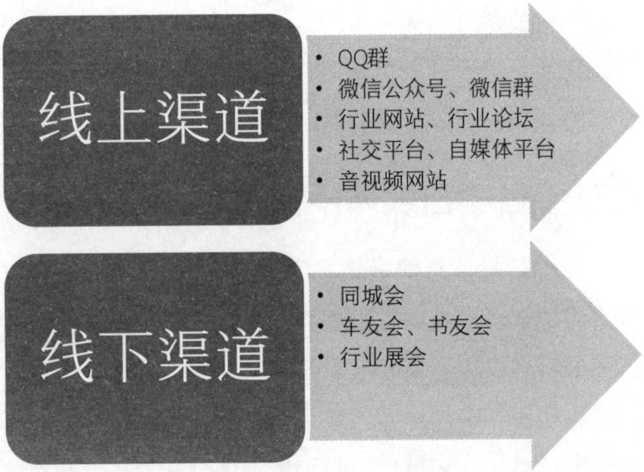

线上渠道
- QQ群
- 微信公众号、微信群
- 行业网站、行业论坛
- 社交平台、自媒体平台
- 音视频网站

线下渠道
- 同城会
- 车友会、书友会
- 行业展会

群；再如一些行业交流群也可以帮我们找到精准的用户。

需要注意的是，在QQ群中推广自己的社群一定不能过于心急，不能一入群就急着发布自己的社群二维码，那样只会被群主以"乱发小广告"的名义踢出QQ群。所以运营人员在加入QQ群后可以先与成员互动，或是主动发布一些有价值的信息，提升自己在群内的存在感、影响力，再选取合适的机会，适度地宣传自己的社群。

微信公众号、微信群

运营人员还可以加入相关微信群，为自己的社群引流。为此，运营人员可以先通过适当的关键词，搜索以相关用户群体为目标的公众号，在公众号文章中查看有没有入群的方式。比如生产母婴用品的企业可以搜索"母婴""宝妈""育儿""备孕"之类的关键词，找到相应的公众号，再按图索骥加入目标微信群。

入群后，运营人员也要注意不能急于进行推广，而是要先与群成员建立联系，比如可以为大家解答问题，或是主动帮群主维护群规，为群主提供力所能及的帮助等，在获得了群主的认可和同意后，才可以在群内分享自己的社群。

行业网站、行业论坛

运营人员可以经常浏览行业网站，在网站热门文章的留言区或是在论坛发布一些软文，介绍自己的社群，但要注意不能过于频繁，而且不能一味宣传推广，否则也有被禁言、被封号的危险，所以运营人员可以先"养号"再推广，比如可以像其他用户一样在论坛进行正常互动，并可以发布一些高质量的帖子，待账号级别提升、权限放开较多时，偶尔进行推广即可。

社交平台、自媒体平台

百度贴吧、新浪微博、QQ空间、知乎、小红书、豆瓣、虎扑、今日头条、百家号等都可以成为社群引流的新阵地。不过由于每个平台的调性不同，运营人员在推广时也应当采取不同的策略。

比如在知乎，运营人员可以寻找与品牌定位适配的问题进行回答，在回答末尾带上社群简介和链接；也可以将部分社群内容以文章方式发布出来，以获取更大的曝光量。

在微博，运营人员可以到热门微博下方的留言区发布信息，但要注意采用有趣的或有深度的语言介绍社群的特点和加入方式，这样才能对用户产生吸引力；运营人员还可以在自己的博文内容中加入社群简介、链接或二维码，为了确保博文能够触及更多的粉丝，不妨尝试使用"博文头条"或"粉丝头条"，以提升阅读量。

在豆瓣，运营人员可以搜索相关人群所在的小组，比如手机生产企业的运营人员可以搜索"手机"关键词，找到"手机爱好者""买手机是件大事"等小组，在小组中发帖分享自己的社群二维码图片，吸引有"同好"的用户加入，这样获得的社群粉丝会是比较精准的。

音频、视频平台

在采用文字、图片进行推广之余，运营人员也不能忽略了音频、视频平台这两种重要的渠道。比如在喜马拉雅、荔枝微课等音频分享平台，运营人员可以以音频形式授课，最后推荐自己的社群，也可以在主页或专辑中植入相关信息，同样能够起到不错的推广效果。

在B站、腾讯视频、爱奇艺、优酷等视频平台，运营人员可以选择对应的领域上传视频，视频的片头、片尾都可以插入社群名或二维码，也可以在主页添加联系方式或社群链接，还可以在视频评论区留下加入社群的方式，用户如果对视频内容很感兴趣，便会选择加入社群；此外，运营人员还可以通过直播介绍、宣传自己的社群，吸引用户加入。

在线上推广社群的同时，运营人员还可以在线下寻找宣传推广的机会。比如运营人员可以有针对性地参加同城会、车友会、书友会、行业展会等线下活动，在活动中可以向用户发放带有二维码的宣传资料，吸引他们加入社群。不过运营人员一定要保证用户是对社群感兴趣才愿意加入，切勿为了数据好看而强拉用户入群。

第51招
社群意见领袖的发掘与打造

在吸引和管理用户的同时，我们也不能忽略了社群意见领袖的发掘和打造工作。在一个社群中，意见领袖（KOL）具有独特的人格魅力和知识储备，也有严谨的思考能力和活跃的互动行为，他们能够为其他成员提供有价值的信息，还能对其他成员产生影响，这种影响甚至能够达到"一呼百应"的程度。

因此，我们在社群运营工作中，不妨将意见领袖当成重要的节点，借助他们的传播力和影响力覆盖更多的社群成员。

那么，我们应当如何打造意见领袖呢？

在社群内部培养意见领袖

我们可以在社群内部寻找有潜力的用户，将他们培养成意见领袖。比如可以帮助他们打造个人品牌，给予他们一定的群内特权或购物福利，增强他们作为领袖的荣誉感，让他们能够带动其他成员，并有可能催生出更多的内部意见领袖。这种内部培养出的意见领袖对社群的忠诚度比较高，而且他们对群成员、群规则更加熟悉，能够更好地配合我们的运营工作。

从社群外部"引进"意见领袖

条件允许的话，我们也可以考虑到社群外部寻找一些知名度高、专业能力强的意见领袖，他们会吸引更多用户加入，还能提升用户交流互动的积极性。当然，想要争取到这种外部意见领袖是很不容易的，我们除了用品牌影响力、社群文化去打动这类意见领袖外，还可以考虑以付费合作的方式邀请他们加入。

与意见领袖建立友好关系

意见领袖打造不易，如果他们选择离开，对于社群来说会是非常严重的损失，所以我们一定要做好意见领袖的维护工作。平时要与他们保持密切的沟通交流，不断加深与他们之间的联系。为了表示对他们的重视，最好由运营部门的负责人亲自出面与他们沟通，并最好能够和他们建立朋友式的关系。而在社群营销策略方面，我们也可以多听听他们的意见，给予他们更多的话语权，让他们有一种被尊重、被需要的感觉，他们对社群也会有更强的归属感。

鼓励意见领袖参与社群运营

意见领袖应当发挥自己的影响力，积极参加社群运营工作。比如社群准备发起活动，运营人员就可以邀请意见领袖共同策划，因为他们的诉求代表了群内绝大多数成员的想法，他们给出的建议也有很强的参考价值，像活动应当在何时举行，期间可以加入什么样的趣味环节，可以设置哪些有吸引力的奖励等。运营人员合理采纳这些建议，有助于提升活动营销的效果。

此外，由于外部引进的意见领袖自身便拥有一定规模的粉丝群，我们也可以邀请他们联合吸粉、合办活动，可以达到共享资源、互利共赢的目的。

第52招
如何提升群内活跃度，让成员主动发声

社群运营人员常会遇到这样的问题：刚刚建立的社群活跃度很高，成员能够踊跃发言，打造出了良好的社群氛围，可是还没过多久，"潜水"的成员就越来越多，群主或管理员发布了消息，也得不到成员的回应。

那么，如何才能提升社群的活跃度，让沉默的用户愿意主动发声呢？以下这些方法可供运营人员参考。

注意管理方面的细节

在提升群内活跃度方面，管理员能够起到非常关键的作用。比如管理员在筛选初始成员时就要注意选择对品牌、产品有好感或是有了解兴趣的成员，这样组建起社群后，成员就有了共同的连接点，对于很多话题都会有讨论的兴趣。另外，管理员还要负责起成员维护的工作，比如要与新成员及时沟通，并督促其做自我介绍、修改群昵称，以促进成员间的互相了解。

在日常管理中，管理员要充分发挥引导的作用，提高群成员交流的积极性，增加社群向心力和凝聚力。如果成员提出了疑问，管理员需要准确快速地做出解答，而且回复时要多用鼓励性、建议性的语气，并要注意使用专业说法，以提升自身和企业的形象。

用活动提升成员的参与感

定期举行各项社群互动，能够调动成员参与的积极性，对于提升群活跃度也很有帮助。比如运营人员可以邀请专业人士在群内进行直播，或举办讲座，向成员传授一些有价值的干货知识，再配合一些"红包雨"之类的奖励活动，能够激发成员参与的热情。

再如，运营人员在重大节假日也可以在群内举办主题活动，还可以与线下活动相结合，不但能够提升群活跃度，还能达到提升销量、增长效益的目的。

此外，运营人员也可以鼓励成员通过自己的朋友圈、微博等分享品牌信息或营销活动，再给予相应奖励，也能让成员变得更加积极，而且还能增加品牌曝光度，更可源源不断地吸引新成员加入。

善用工具炒热氛围

运营人员还可以利用社群工具加强品牌和成员的互动，炒热群内氛围。比如在微信群中，运营人员可以将重要信息设置为"群待办"，这样成员会看到提醒，不会错过重要信息，而且成员还能给出反馈，有助于提升互动率。

运营人员还可以利用"群空间助手"发起投票或通知，或是上传照片到群成员共享相册，内容可以永久保存，也能够提升成员交流和分享的积极性。

另外，"微信群机器人"可以帮运营人员减少很多重复工作，比如成员进群时自动发布欢迎语，针对某些关键词给予自动回复，定时发送一些热门信息到群内，自动统计活跃人员并显示发言排行榜等，这些功能对于提升用户活跃度都有一定的帮助。

在正确使用各种社群工具的同时，我们还要重视社群文化的建设，当社群拥有了自己独特的文化后，成员会更有凝聚力和向心力，活跃度和团结度都会变得更高。为此，运营人员还要注意营造好社群氛围，建立群体共识，并要把控好社群的内容走向，避免在大量新成员加入后偏离原来的运行方向。而在策划具体活动的时候，运营人员也要注意让活动主题与社群文化相匹配，才能给成员留下群体印象，并能够推动成员积极响应和参与。

第53招
如何让用户尽快喜欢上你的社群

成功地吸引用户加入社群后，我们还不能掉以轻心。如果不能让用户在短时间内接受社群文化，认可社群价值，他们很有可能会失望地离开，所以我们一定要让用户尽快喜欢上社群，愿意成为社群中的一员。

香港大学的专家们曾经做过这方面的研究，他们发现用户在24小时后和30天后的社群留存率几乎是一样的。这也提醒了我们，一定要把握好这最初的24小时，要在这段"黄金时间"里向用户充分展示社群的价值，赢得用户的认可和信任；同时要和用户进行沟通，以便建立起最初的联系。

具体来看，我们可以做的工作主要有以下几种。

向用户介绍社群基本情况

有时用户可能是一时兴起加入了社群，也有可能是接受了他人的邀请而入群，对于社群的基本情况了解得不多，此时管理员就可以主动向用户介绍这些信息，比如社群的运营者是谁，社群的宗旨是什么，社群能够给用户提供哪些价值等，这样用户也能够为自己加入社群找到充分的理由。

另外，管理员还可以将群规和一些注意事项告知用户，这样做的好处是让用户意识到社群是有秩序、有纪律的，会对社群产生更多的认可和重视。与此同时，用户也会自觉约束自己的行为，不做破坏秩序的事情。需要指出的是，在讲解群规时，管理员切忌用生硬的口吻告知用户一些苛刻的规定，否则很容易激发用户的逆反心理，会降低用户在社群中的体验。

帮助用户融入社群

用户刚加入社群时，因为对成员不熟悉，即使想要交流也不知道该如何开启话题。此时管理员也可以想办法帮用户"破冰"，使他们能够尽快融入社群，这也是提升用户留存率的一个好办法。

因此，管理员可以通过私聊引导用户添加一些热情大方、善于沟通、喜欢帮助新人的活跃用户为好友。另外，管理员可以鼓励用户做一做自我介绍，向其他成员展示自己的性格特点、特长优势。为了避免出现"冷场"，管理员还可以与活跃用户提前做好约定，向新用户表示欢迎之情，以增加新用户的参与感和归属感。

向用户展示有吸引力的内容

为了留住用户，管理员还需要展示社群的资源、实力和一些具有高价值的内容，让用户能够被深深地吸引。比如社群会不定期分享行业资讯、行业政策、科技知识、实用工具，会举办专业讲座等，这些内容非常实用，用户愿意多做了解，也愿意继续留在社群中。相反，若是群内充斥着标题党文章、"毒鸡汤"文章和无聊的灌水信息，用户就会有大失所望的感觉。

在展示内容之余，管理员还可以开展一些易于操作的小型活动，最直接的形式就是"迎新红包雨"，红包金额不必太大，也能够吸引成员踊跃参与，而这能够起到带动氛围、展现社群活跃度的作用，也会让用户受到吸引。

鼓励用户邀请好友进群

社群的本质是熟人社交，也就是说，在社群中，用户与其他用户之间的连接越紧密，就越不容易流失，所以我们应当帮助新用户尽快建立起这种熟人连接。而这可以从两方面做起，一方面是鼓励新用户与其他成员积极交流，另一方面是鼓励新用户邀请更多熟人入群，这样也能让社群借助新用户的熟人关系不断向外裂变。

比如有的社群会设置这样的裂变玩法：新成员每成功邀请1名好友入群，都可以获得一定数量的积分奖励，积分达到一定数额后，可以兑换现金红包或其他奖品；如果群内新增成员达到了一定人数，管理员还会发放一波现金红包；每周成功邀请好友最多的成员还将获得更多奖励等。

在实际利益的驱动下，用户会乐于做这样的尝试，而用户自己与社群的联系也会变得越来越紧密。

第54招
如何维护群内秩序，快速处理负面和广告信息

在为社群拉新、促活的同时，我们也不能忽略群内秩序的维持工作，因为不好的秩序会直接影响社群成员的体验，会让很多成员变得越来越沉默，甚至还会退出社群，导致我们前期的工作全部白费。

比如有的成员在群内发广告或是分享一些无关的链接，还有的成员在群内灌水聊天，留下了大量无意义的信息，更有一些成员对他人不够尊重，动不动就谩骂、攻击他人，或是把社群当成了投诉、抱怨的"阵地"，不停地宣泄自己对产品或客服的不满等。凡此种种，都会严重干扰社群秩序，破坏社群氛围，不利于社群的长久发展。

想要维护社群秩序，我们可以从以下几点做起。

设置明确的群规则

所谓"没有规矩，不成方圆"，这里的"规矩"就是明确而清楚的群规则，它不但要有明确的各项规定，告知成员可以做或不可以做的行为，

还要列出相应的违规惩罚措施。

比如我们应当明确规定成员不得在群内发广告，违者警告一次，第二次踢出群；同时要禁止成员发布不良信息或是讨论一些敏感性话题；禁止在群内谩骂、攻击他人，或是暴露其他成员的隐私；禁止在群内发布大量无意义的信息，以免影响正常的沟通交流等。

对群规则进行解释说明

为了让规则能够被成员接受，我们还需要做出必要的解释说明——告诉成员为什么要制定这样的规则，以及成员能够从规则中获得哪些实际的利益。

为此，我们需要先找到成员的痛点，比如成员在一段时间内没有看手机，群内就会出现上百条信息，其中有很多都是"灌水"或广告信息，而重要信息却常常被垃圾信息淹没。这样的问题会让成员有切身的感受，我们由此切入提出的规则更容易得到他们的认同。

根据成员反馈对群规则进行修改和完善

在制定规则后，我们可以与群内的资深成员或比较活跃的成员沟通，请他们对现有规则提出意见，再集合大家的反馈对规则进行完善。比如成员普遍反映有的规则说法模糊，不易理解，有的规则过于严格，需要调整，我们就可以及时修改规则，还可以对一些特殊情况进行补充说明，这样成员会更加满意，也会自觉地维护群规则。

及时向成员告知群规则

在新成员入群之前和刚入群时，群管理员都应当及时告知群规则（可以一对一发私信告知，避免打扰到其他成员），使新成员能够自觉约束自己的行为，不会随意破坏群秩序。

另外，在修改或补充群规则后，管理员应当向全体成员进行公告，让大家对新规则有一个明确的认知。

在成员违反秩序时执行群规则

如果有成员违反了群规则，管理员不能坐视不理，否则规则就失去了存在的意义，其他成员也会感到非常失望。

不过管理员也不必立刻大张旗鼓地公开批评对方，因为这会让对方感到很没面子，并有可能引发不必要的纠纷。所以管理员可以先与对方私聊，使对方认识到自己的错误，愿意撤回信息并向大家道歉；如果在私聊后对方没有停止不良行为，还在肆意攻击他人或发布广告信息，管理员就可以执行群规，将其踢出社群。

需要提醒的是，如果成员是因为对产品或服务不满才发表负面信息，管理员的处理办法一定不能过于简单粗暴，不妨引导成员进行私下沟通，以便掌握成员遇到的实际问题，再寻找相应的解决方案，同时还要安抚好成员的情绪，以尽可能挽回产品和品牌在成员心目中的形象。

第55招
如何对社群用户进行分层管理

随着社群成员逐渐增多，为了更好地梳理不同特征的用户，对他们制定不同的运营策略，我们有必要对用户进行分层管理。

这种分层的标准并不统一，我们可以按照用户的基本属性、用户级别、行为表现、RFM模型等进行划分（图4-4）。

按照用户基本属性分层

这是一种横向的社群用户分层办法，我们可以将成员按照所属地域进行分层，也可以按照性别、年龄、身份分层，之后可以将有相同属性的用户拉到一个子群中，他们之间会有更多的共同语言，沟通交流会更加顺畅。

按照用户级别分层

这是一种纵向的社群用户分层办法，我们可以将群成员划分为普通成员、会员、精英会员、管理层等多个层次，用户所处层次越高，享有的权益和话语权就越多，这不但会让高层次会员有一种自豪感、自信感，也会

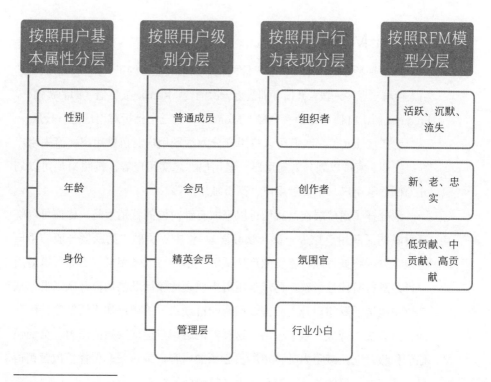

按照用户基本属性分层	按照用户级别分层	按照用户行为表现分层	按照RFM模型分层
性别	普通成员	组织者	活跃、沉默、流失
年龄	会员	创作者	新、老、忠实
身份	精英会员	氛围官	低贡献、中贡献、高贡献
	管理层	行业小白	

图4-4

社群用户的分层管理

促使低层次会员通过多发言、多参加活动或为社群做贡献等办法提升自己的层级。

按照用户行为表现分层

社群中的用户有不同的性格、能力、动机、交流意愿，会表现出各自不同的行为表现，我们也可以以此为标准进行分层。

比如有的成员有较强的组织能力和沟通能力，愿意和其他成员打成一片，也愿意帮忙组织活动，我们可以将这类成员称为"组织者"，可以赋予他们一定的管理权力，让他们引导新成员、帮助管理群内秩序；再如有的成员在专业领域令人信服，也是社群中高价值内容的奉献者，我们可以将这类成员称为"创作者"，平时要多引导他们在内容方面为社群多做贡成长和自我分享；此外，社群中还会有喜欢插科打诨、调剂气氛的"氛围官"，有热爱学习、喜欢提问的"行业小白"，也会有不爱发言的"潜水党"。我们要做的是维护好骨干成员，持续炒热群内氛围，避免让多数成员变成一言不发的"潜水党"。

按照RFM模型分层

RFM模型本是用来衡量客户价值和客户创利能力的工具，我们可以将其引入社群管理中，按照R值（即最近一次消费，Recency）、F值（即消费频率，Frequency）、M值（即消费金额，Monetary）这三个指标对用户进行分层。

比如按照R值，我们可以将用户分为活跃用户、沉默用户、流失用户等；按照F值可以划分为新用户、老用户、忠实用户等；按照M值可以划分为低贡献用户、中贡献用户、高贡献用户等。

划分好了用户层次，我们可以采取有针对性的营销策略，比如可以将高贡献的活跃用户拉入一群（核心群），将中等贡献、活跃度一般的用户拉入二群，将低贡献、零贡献用户或沉默用户拉入备用群，之后可以对用户行为进行阶段性考察，再从备用群中挑选比较活跃的用户升入二群，从二群中挑选活跃用户升入一群，同时一群或二群的用户如果活跃度持续下降，也会被"降级"到下一层。这样就能给用户造成一定的压力，会促使他们积极互动，或是为社群不断贡献新的内容，或是帮助传播扩散营销信息，而这对社群的长远发展会产生非常积极的意义。

第56招
如何通过社群快速引爆传播

在完成了社群的构建，拥有了层次分明的用户资源之后，我们就要想办法通过社群引爆传播，这样才能发挥出社群真正的价值——可以让营销信息以裂变效果覆盖、触达更多的目标用户。

为此，我们需要特别注意组好以下几点。

打造容易引起"疯传"的内容

能够让用户主动传播的内容往往具有这样几个特点：

（1）内容紧跟热点话题，能够吸引用户眼球，还能引发用户讨论的兴趣；

（2）内容能够引发用户的情感共鸣，让用户不由自主地加入传播的行列；

（3）内容与用户的利益息息相关，比如可以为用户提供现金红包、优惠券之类的物质利益，或是能够凸显用户的格调、尊贵度，让用户能够获得精神方面的收益，用户也会愿意进行传播。

我们不妨从这几点出发去打造裂变的内容，但一定要注意让内容符合自己的品牌调性，传播才能产生实际的意义。

选择最适合社群传播的战术

社群传播的战术有很多种，我们应当根据社群的实际条件合理选择。比如社群拥有影响力强大的意见领袖，我们就可以把意见领袖当成传播的核心和出发点，请他们帮忙打造创意传播文案、设计传播流程，这样往往能够产生事半功倍的效果；再如社群有大量活跃用户，我们就可以引导用户在朋友圈上分享信息，或是在微博、知乎等渠道展开热烈的讨论，这样能够产生集群效应，会在短时间内掀起传播的热潮，有助于提升品牌影响力。

另外，我们也可以在群内发布"悬赏任务"，鼓励大家积极转发或是以其他形式参与任务，这样不但能够加速信息的传播，还能激活群成员的热情。

提供海报和引导话术

为了便于用户进行传播，我们可以提前设计好精美的海报。海报要做到配色抢眼而不刺眼，排版简洁、有时尚感；海报上的文案要直击用户痛点，对于活动内容的表达要非常清晰、明确，最好能够让用户一看就懂；另外，在海报上我们还可以有意地采用一些制造紧迫性、稀缺感的字眼，如"最后×天""还有×个名额"等，以提醒用户抓紧时间积极参与。

除了海报以外，我们还需要撰写一段技巧性的引导话术，告诉用户应当怎么做，比如需要用户在朋友圈集赞、转发微博，邀请好友"助力"等，同时话术中要突出诱人的奖品，如"瓜分×××现金大奖"等。这一套奖品、海报、话术的"组合拳"，能够很好地调动用户的参与积极性，社群传播的效果也会更加显著。

如何通过QQ群有针对性地扩散信息

进行社群营销，我们不能只重视微信群，却忽略了QQ群能够提供的丰富客源。现在使用QQ和QQ群的用户数量仍然非常庞大，而且很多青少年将QQ当成主要的沟通工具，企业想要走年轻化营销的道路，就应当重视对QQ、QQ群、QQ空间的营销价值发掘。

与QQ相比，QQ群可以实现"一对多"的营销，能够吸引更多流量，提升营销效率。而这又可以分成两类情况，一种是自建QQ群，邀请好友加入；另一种是加入他人创建的QQ群，成为群成员。

这两类情况的营销打法不尽相同，下面我们就来分别了解一下。

自建QQ群进行推广

QQ群具有门槛低、大众化的特点，普通用户也可以创建QQ群，可容纳成员200人，随着QQ等级提升，还可以创建500人的QQ群；会员可以创建1000～2000人的大群；年费超级会员更可创建多达3000人的超级大群。

假设我们拥有这样的大群，只要在群内分享一条关于产品的信息，就会有成百上千人接收到信息，这样的宣传效果显然要胜于传统的广告宣传。

当然，在自建群时需要注意以下几点，才能起到良好的推广效果。

（1）做好建群准备工作

我们可以建立起与店铺和产品有关的群，群名称和图标要设置得有吸引力一些，群签名、群介绍要有相关度、针对性，才能提升曝光率。

建完QQ群之后要进行QQ群推广，以便让更多的人能够认识这个群。我们还可以通过群成员管理来邀请QQ好友加入，也可以在微博、贴吧、兴趣部落上进行宣传，吸引用户直接点击申请加入。

（2）做好群日常管理工作

当QQ群内有一定数量的精准用户后，我们就可以与他们进行沟通，培养出彼此之间的信任，同时也可以炒热群人气，增强用户的活跃度。

比如，我们可以在群内发布一些热点话题，鼓励群成员一起讨论，时间长了，群成员会养成习惯，主动探讨新鲜、有趣的话题；另外，我们也可以将有价值的内容如新品图片、产品说明文档、使用窍门等分享到群相册、群文件，吸引成员下载、浏览。

作为群管理员，我们还要负起维护群秩序的责任：自己首先要减少广告发布的次数，以免打扰到群成员；另外，我们可以提醒那些在群内发布不良信息的成员，如果他们屡教不改，我们就要及时清理，以保持群内的和谐氛围。

（3）做好群成员维护工作

好不容易拉来的群成员，没过几天就选择了"退群"，这对于我们来说显然是一种损失，所以我们一定要想办法留出成员，特别是那些有可能成为潜在买家的成员，我们就更是要精心做好维护工作。

为此，我们一定要努力提升群质量。要把在群内发布大量没有意义的"灌水"信息和发布低质量广告、欺骗信息的成员清理干净。如果成员之间发生争执，我们要及时出面解决矛盾、转移话题，并要对发言不文明、不礼貌的成员进行警告。

平时我们要多多鼓励成员互动，可以不时地推出有趣的群内活动，让成员对群产生依赖性，才能有效提升成员黏性。

加入他人的QQ群进行推广

如果加入他人的QQ群进行推广，我们必须遵守群内规则，在宣传时则要避免过于直白的广告语，否则很容易被群主踢出群。

所以我们可以从分享优质信息（比如发一些正能量短文、搞笑图片或小视频等）开始，提升自己在群内的活跃度，争取给群成员留下良好的印象，之后再见缝插针地进行宣传。比如大家正在讨论的话题恰巧与我们的产品有些关联，我们就可以抓住机会，巧妙地带出一些营销信息，引发用户了解的兴趣。

为了避免引起群主和成员的反感，我们还可以巧用"红包"功能，比如在发布营销信息后，立刻发一个金额不大的红包，吸引成员"抢红包"，这样不但能够活跃气氛，还能让群里的沉默用户注意到我们。

值得提醒的是，QQ群发邮件也是一个不错的推广渠道，群发邮件能够触达多位群成员，却又不会像直接在群里发广告那样让成员反感，所以效果要比直接推广好得多。不过在实际应用时，我们也要注意控制频率和数量，并要精心设计邮件内容，避免内容相似多过高，否则很容易被系统屏蔽，严重时会让自己的邮箱被查封，因此在发邮件时一定要选择精准成员谨慎发布。

第58招
如何针对社群用户推出线下主题活动

在社群营销过程中，运营人员会习惯性地将注意力集中在线上，为了设计线上活动绞尽脑汁，其实线下活动对于社群引流、促活同样重要。

线下活动能够让社群从"弱关系"连接走向"强关系"，在活动中，运营人员与用户、用户与用户之间都可以直接交流互动。没有了手机屏幕的阻隔，成员之间的距离会更加贴近，也更容易建立情感关系。

不仅如此，线下活动还能够提升品牌影响力，有助于提升老成员的凝聚力，也能够不断吸引新成员加入，

那么，我们该如何策划一场高质量的线下主题活动呢？

以结果为导向策划活动

进行线下活动策划时，我们首先要对活动方向有一个清晰的认知，即为了什么样的结果推出这一活动：是想要拉动更多新用户加入社群，还是要提升老用户的活动，其中拉新的目标具体是多少，促活的目标又是多少。所有问题都应该有清晰具体的数据支持，这不仅是对企业负责，也是为了更好地监督和把控活动流程，避免为了活动而活动，结果却偏离既定

目标太远而失去本来的意义。

有了这种认识，运营人员在策划活动时就更容易确定线下活动的规模、频次等，也能够更好地配置有限的活动资源，实现效益的最大化。比如活动方向偏重于拉新，就可以适当降低频次，但规模可以稍大一些，以覆盖更多的潜在用户群；如果是为了促活和打造品牌，则要对活动的质量精雕细琢，具体到活动的文案、图片、流程设置都要精心安排。

努力满足目标用户的需求

线下活动要想产生比较理想的效果，就应当从目标用户群的实际需求出发，进行精准的活动策划、推广、宣传，才能使用户受到吸引并积极参加到活动中来。为此，运营人员应当多多征求目标用户的意见和建议，大到活动方向，小到活动环节，都可以听取一下用户的看法，毕竟活动的受众是用户本身，从用户身上吸收的灵感往往是最有价值的。在活动开展前，也可以做好有针对性的海报和文案，这样往往会比铺天盖地的宣传更有效果且更节约成本。

充分考虑品牌诉求

线下活动运营同样要充分考虑品牌诉求，对活动策划的每一个细节都应当尽量融入品牌因素，才能够让用户对产品和品牌的认知更加深刻，并有助于形成对产品的黏性。反之，如果活动脱离品牌，或者表现不出品牌的特性，就无法在用户心中留下深刻的印象，无法产生长远效益。

为此，我们要寻找适当的活动场地，并要在场地中布置品牌横幅、海报、画册、二维码等，还可以准备一些能够让用户带走的小礼物，像带有品牌标识和二维码的帖子、扇子、T恤等。

协调好所有可以调动的资源

运营人员不可能做出"无米之炊"，因此在活动准备前首先应当做好整合、协调各种资源的工作，这也是对运营能力的一种考验。运营能够调动的资源有哪些？简单来说就是资金、人力、渠道、媒体等。资金、人力的多与少决定线下活动能够做到什么样的规模，与渠道、媒体的合作决定活动能够覆盖到多少用户和潜在用户。这些都是运营要面对的实实在在的问题，弄清楚自己能够调动的资源，才能更准确地调整预期目标，保证活动能够顺利开展。

如果现有的资源有限，运营可以想办法争取一些活动参与方的赞助，或者联合其他渠道一起举办活动，同时在策划活动和具体执行时则要精打细算，想办法少花钱多办事。

此外，我们还要安排好现场人员，要做到分工明确，并可以安排1～2名机动协调人员，以应对突发情况。

在活动结束后，我们还需要进行效果复盘，要看看这次线下活动是否完成了既定的目标，预先设定的环节是否都得到了较好的执行，如果未能执行，我们就要找出原因，然后总结出经验，为下次举办线下活动做好准备。

第59招
餐饮连锁品牌"霸蛮"的社群玩法

霸蛮成立于2014年，采用了"线下餐馆+线上零售"的模式：用户可以到60多家线下餐馆享用原汁原味的米粉，也可以从天猫、京东、盒马购买预包装米粉（图4-5）。

但对于霸蛮来说，产品只是品牌与顾客建立关系的开始。他们非常重视私域流量池的建设，在线下获客后，会想办法将顾客转变为用户、会员，再将他们聚集到社群中，开展后续运营。

在社群营销方面，霸蛮的一些做法值得我们的参考。

吸收有连接需求的活跃用户进入社群

很多企业在为社群引流时，仅仅满足于让用户加入微信群、QQ群、关注微博等，但霸蛮却要求品牌能够与用户建立真正的连接。

目前霸蛮拥有300万会员，年龄以18～35岁居多，女性用户占75%，其中能够高度认同品牌理念的核心粉丝被引入微信群中，人数超过50万，他们的整体表现非常活跃。霸蛮还会从中选择一些表现最为积极的粉丝，

图4-5
霸蛮的线上产品

让他们担任小群的社长，带领成员在线上频繁互动。如果霸蛮想要组织线下活动，也会邀请社长协助。

为用户提供源源不断的福利措施

霸蛮在吸引和留住用户方面，也有自己的一套独特的打法。比如他们会为部分用户提供"地域优惠"——霸蛮创始人张天一是湖南人，"霸蛮"这个品牌名也来自湖南方言，有坚决、执拗的意思。为了回馈老乡，霸蛮会给予持湖南籍身份证的顾客更多优惠，比如进店就餐可以享受八折优惠，同时可以直接升格为店铺会员，这些做法会让老乡产生亲切感，同时也能向用户输出品牌文化、强化用户对品牌地域元素的认知。

另外，用户在加入社群后，也能马上获得实打实的好处——无论去线下门店就餐还是在线上购物，都能享受一定折扣。霸蛮还会和其他品牌进行合作营销，不仅丰富了社群玩法，还为成员争取来了更多的福利，像成员参与某些社群活动即可获得电影票等，都让成员"玩"得乐此不疲。

邀请成员参与产品设计

霸蛮深知，能够让大多数用户欢迎的产品才能经得住市场的考验，所以每次新品上市前，运营人员都会邀请社群成员试用，再请他们对产品发表意见和看法；对于社群成员的意见，霸蛮也是十分重视，会对成员提出的不足之处进行改进，直到成员普遍对产品感到满意为止。

另外，霸蛮还会给社群成员发放优惠券，请他们到距离自己较近的门店参加线下的产品品鉴会；而对线下门店的顾客，霸蛮也会引导他们体验线上产品。通过这样的方式，霸蛮不但能够收集到来自线上、线下两个渠道的产品意见，还能打通线上、线下的消费环节，让用户可以随时随地吃到霸蛮米粉，提升了用户体验，可谓一举多得。

霸蛮的社群营销给很多企业带来了启发：我们在进行社群营销的同时，还应当注意打通线上、线下的会员体系，要采用多种方式引导线下顾客在线上消费，增加复购次数；同时也可以利用新媒体更加广泛的传播作用，不断提升品牌影响力，吸引更多的线上用户加入社群，将他们转变为品牌的忠实粉丝。

在这个过程中，我们要注意重构信息系统、支付系统、物流系统，使线上、线下渠道充分融合，将线上购买的便利与线下完善的体验相结合，满足消费者新的消费习惯和消费理念，为产品带来新的销售机会。

第 5 章
微博营销

第
60
招

第
71
招

第60招
新媒体时代微博营销过时了吗

进入新媒体时代，传播形式日益多元化，短视频营销、微信营销、社群营销等模式都十分火爆。在这种情况下，有的企业难免会觉得微博营销已经"过时了"，可事实却并非如此。

《2020微博用户发展报告》显示，在2020年9月，微博月活用户仍有5.11亿之多，日活用户高达2.24亿，其中16～30岁的用户比例超过80%，三、四线城市用户超过50%。对于企业来说，做好微博营销，无疑能够争取到数量可观的年轻消费群体，而且能够在下沉城市得到更多的发展机遇。

微博营销不但没有落伍，还具有以下这些不容忽视的优势。

内容创作简便

在微博上创作内容十分快捷、方便，打开微博首页，就能看到功能丰富的创作窗口。我们可以根据具体的营销需要发布长度不同的微博（微博已经取消单条140字的限制），只要构思足够巧妙，哪怕只有只言片语，或是只有一张图片，也能够引发一波点赞、评论和转发。与其他平台相比，微博内容创作的门槛是很低的，自由度却是很高的，便于我们发挥灵感进行内容创作。

营销形式多样

如果我们想要在微博发布营销信息，可以自由选择短微博、长博文、头条文章、视频等多种形式，在内容中，我们还可以添加地点、也可以用"#"添加最热话题，还可以"@"红人开展联合营销，能够为产品和品牌赢得更大的曝光度。另外，我们还可以发布微评并关联相应产品，帮用户"种草"好物；也可以发起直播，直接带货销售。

新媒体营销101招：
内容运营＋引流技巧＋营销推广

营销成本低廉

与传统营销方式相比,微博营销的成本要低廉得多,能够节省大量的人力、物力和财力资源。这要归功于微博构建的关系链——微博通过互粉让用户彼此成为熟人,再进行口口相传,而这种基于口碑的传播具有高信任度、低成本的优点,再加上微博本身受众面广、传播速度快,能够让口口相传变得更加快速、直接,所以企业只要花费很少的成本就能达到传统营销达不到的效果。

传播速度极快

微博传播带有病毒式、裂变式的特点,博主发布一条微博,经粉丝转发后,粉丝的粉丝也会成为受众,由此能够达到"一传十,十传百"的效果。如果某条微博进入了热搜榜,被打上了"热""沸""爆"之类的标识后,更是会在移动互联网上产生轰动效应,会通过用户的疯狂转发,在极短的时间进入亿万人的视野。

用户互动方便

微博让企业与用户的互动变得更加方便、快捷,用户可以点赞、转发、评论企业的微博,也可以"@"更多的人前来"围观";企业也可以及时回复用户评论,让精彩评论出现在微博下方的热门评论区域,引起其他用户讨论的兴趣。

企业还可以尝试寻找热门话题,让产品或服务成为用户关注的焦点。比如2020年9月"秋天的第一杯奶茶"话题突然走红网络,众多奶茶品牌纷纷抓住时机发布活动微博,像"书亦烧仙草""喜茶"就发布了相关抽奖微博,用户只要关注官方微博账号,再转发或评论这条微博,就可以获得抽奖资格。由于这次活动切中热点,流程也很简单,用户参与的积极性很高(图5-1)。

总之,微博仍然是网络舆论的一块主要阵地,很多微博话题也能够引起人们的普遍关注,而且微博更新、传播速度快,也能方便企业与粉丝进行实时互动,所以企业一定要重视微博营销,可以借助微博发布产品、展示品牌、管理客户关系,实现一系列营销目标。

书亦烧仙草 **V** 📧

今天 17:07 来自 iPhone 11

🔝置顶 我来了！！！#秋天的第一杯奶茶#那必须是我呀~书亦给你宠爱🤎，晒出你们手中的奶茶并@书亦烧仙草 今天开心，抽3位小伙伴请你们喝~

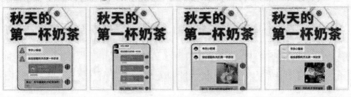

喜茶 **V** 📧

49分钟前 来自 喜茶超话

#秋天的第一杯奶茶# 还没找到人请你喝？茶茶来请！【烤黑糖波波奶茶】&【芋泥波波奶茶】暖心上线，告诉茶茶你最想喝哪杯！评论里揪5位今晚就给你安排上

◇ 喜茶超话

图5-1

奶茶品牌"蹭热点"推出微博活动

第61招
做好微博营销的五大妙招

　　微博让移动互联网上的内容变得更加丰富，个人有了更多了解信息、发布信息的渠道，企业进行线上营销也有了非常理想的传播途径与传播

新媒体营销101招：
内容运营+引流技巧+营销推广

载体。

那么，企业在进行微博营销时，有哪些值得注意的实战妙招呢（图5-2）？

给予用户价值

在进行微博营销时，我们首先应当改变态度，不要抱着"索取"的想法来运营企业微博，而是要想办法"给予"用户价值。要知道，微博平台上充斥着海量内容，刷新速度极快，只有那些真正能给用户带来价值的微博才能进入他们的视野，并能给他们留下深刻的印象。

所以我们必须向用户提供高质量的信息内容，比如能够让用户增长见识的行业资讯，能够帮用户答疑解惑的产品拆箱报告、保养知识等。我们还可以在微博中推出丰富的互动玩法和有趣的线上、线下活动，让用户认为"这个微博是非常有用的"，他们就会更愿意关注，而且有可能成为企业微博的忠实粉丝。

凸显人格化特征

有的企业会把微博当成一个发布官方消息的窗口，发布的文案、图片、视频总会有一种"打官腔"的感觉，也让用户产生距离感，不太愿意关注这种微博，更谈不上主动进行互动了。

所以我们应当尝试打造"有情感"的微博，要多用口语化、亲切化的语言与用户沟通，并可以有意凸显微博的性格特征，让用户感觉自己是在与个性、态度鲜明的"人"交流，用户就会觉得这样的微博是与众不同的，不容易与同类企业的微博相混淆。

图5-2
微博营销5大妙招

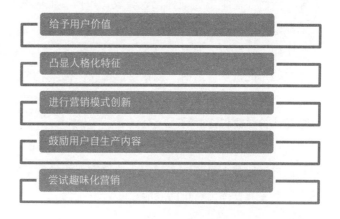

给予用户价值

凸显人格化特征

进行营销模式创新

鼓励用户自生产内容

尝试趣味化营销

进行营销模式创新

在微博上进行营销的企业不知凡几，受到固有思维的限制，运营人员能够拿出的营销策略常常大同小异，为了让用户有新鲜感，能够激发参与热情，我们应当采用别出心裁、出奇制胜的创意营销策略，才能起到更加理想的效果。

比如星巴克曾经在微博上推出互动活动"自带环保杯可以免费获得一杯咖啡"，这个活动加入了环保理念，形式也很新颖，吸引了众多用户参与。很多用户在领取咖啡后还在微博上传了照片，又引发了一轮新的传播。这个成功案例也提醒了我们，要积极挖掘微博营销新模式，而不能照搬照抄陈旧的老套路。

鼓励用户自生产内容

微博内容创作还应当将用户引入其中，鼓励用户参与并产生内容（UGC），这可以满足他们表现自我的需求，也能够促进内容的传播和品牌的推广。

时尚女装品牌韩都衣舍就曾推出过"一人千面"的微博主题活动，主张每个女性都有千种面孔、千面闪耀，引发了话题大讨论，很多粉丝都主动写下心声、发布照片，大胆秀出自己的搭配和对时尚的理解，引来了其他用户的点赞、评论，最终该话题阅读讨论数超过了5000万次，由此也可以看出用户自生产内容的魅力。

尝试趣味化营销

在微博上，一些"无节操"的营销方式常常能够引起用户的青睐，能够引发传播的高潮。面对各种"不正经""开脑洞"的营销笑料，用户一面被逗得捧腹大笑，一面却控制不住地评论、转发、传播。企业不妨尝试这样的趣味化营销，它成本极低，却能获得极高的人气回报。

比如"故宫淘宝"就在微博上对自己的设计师、摄影师自黑、自嘲，还经常发出一些奇葩设计，请用户救救自己已经"疯掉"的设计师，这样的趣味营销逗乐了无数用户，也总是能够引发传播热潮，使得"故宫淘宝"的知名度越来越高，微博粉丝数与日俱增。

上述这些营销妙招看似简单，但是在实际操作时，却非常考验运营人员的创意和能力，运营人员不妨多学习一些这方面的优秀案例，不断积累经验，让微博这个营销工具发挥出真正的效能。

第62招
如何设置粉丝喜闻乐见的微博账号

企业进行微博营销，不可忽略账号的设置工作。良好的设置不但能够彰显品牌形象，加深用户记忆，还能够提升权威感，会让用户对这个账号发布的内容更加信任。

在设置微博账号时，我们应当注意做好以下这几方面的工作。

做好微博账号设置

微博账号的基础设置工作非常重要，因为它会影响用户对品牌的延伸认知，所以我们一定要把握好各种细节，力求树立良好的微博形象。

比如，我们可以将美观大方的品牌LOGO设为微博头像，让用户能够在第一时间认出微博的"身份"；微博名称可以选择企业名或品牌名，如果名称较长的话，我们应当选择大众认可的关键字，比如"喜茶""luckincoffee瑞幸咖啡""兰蔻LANCOME"等（图5-3），这些微博名简单易记，也有较强的辨识度。

接下来是"介绍和标签"的设置，我们可以在其中加入品牌名、产品类型、品牌特点、企业荣誉等关键词，有助于提升微博搜索排名，也能够进一步加深用户的认知。

做好微博视觉形象设计

完成了基本设置后，我们还要对页面视觉效果进行设计，要让页面体现简洁、大气的风格，也能与品牌调性保持一致。

在进行视觉设计时，我们要避免使用过于复杂、花哨的背景，还要处理好页面色调，要用和谐的色调提升用户的体验，而不要用落差过大的色调刺激用户的视觉器官。另外，品牌LOGO、标志物、标志色不能随意变动，以免给用户造成前后不统一的视觉印象。

确定微博内容框架

企业微博应当围绕品牌、行业发布，而且要体现出品牌的档次、地位，像高

图5-3
瑞幸咖啡的微博账号设置

端品牌就不适合发一些低级趣味的微博，大众化的品牌也不应总是发布一些脱离大众口味的"高大上"微博。

为微博内容定好了"基调"后，我们可以从个性、趣味性、实用性、互动性、及时性这几个维度出发去创作内容，这样不仅更符合用户的阅读喜好，也能够让自己的微博和同类企业的微博明显区分开来。

此外，我们还要注意置顶微博的选择，因为用户点击进入微博主页后，第一眼看到的就是置顶微博，它的质量好坏会直接影响用户对我们的第一印象，所以一定要谨慎设置。

保持规律更新

有的企业注册好了微博，却没有保持一定的更新频率，要么很多天更新一条，导致微博渐渐被用户遗忘；要么一天更新几十条，让用户备受打扰，不得不点击"取消关注"。所以我们应当控制好频率，最好能够每天都更新优质的内容，但数量最多也不要超过20条。

此外，我们还可以安排定期活动，这会让用户产生期待感，会主动关注微博，而且不容易流失。

第63招
如何建立微博营销矩阵

为了更好地在微博推广产品、服务用户、提升品牌知名度，企业很有必要构建自己的微博营销矩阵，也就是要建立不同功能的企业微博账号，实现全方位的品牌展现，再通过矩阵中的账号互相引流，以最大限度地聚合微博领域中的目标受众。

一般而言，企业的微博矩阵应当包括以下几类账号。

企业微博

包括企业官方微博、品牌官方微博等，这些微博的主要任务是分享企业文化、品牌理念，打造品牌IP，强化用户对品牌的认知。如果用户对品牌很感兴趣，也可以通过搜索快速找到这些微博进行关注。

产品微博

主要任务是推介产品、推出活动、促进销售转化。

客服微博

主要任务是为用户提供个性化服务，并可以收集用户的反馈。

领导人或员工微博

主要任务是跨界引流，进一步提升企业或品牌的影响力。

地区微博

企业可以按照服务地域建立账号，以便为不同地区的用户提供更加周到的服务。

上述这些微博账号建立起来虽然比较容易，但想要真正发挥出营销矩阵的效果，就需要做好以下几点。

做好账号的定位

矩阵中的账号不能随意设定，而是要秉持"宁缺毋滥"的原则，要确保每个账号都有各自鲜明的特点及特定的功能，才能为用户提供更加精准的服务。

设定好的账号还要做好名称、简介的设置，因为每一个账号都是企业和品牌形象重要的展示窗口，所以我们应当围绕企业、品牌、产品名称对账号进行基本设置，就像华为旗下就有"华为终端云服务""华为终端公司""华为商城"等官方账号，还有"华为手机""华为平板和笔记本"等产品账号，而华为的各大部门总裁也纷纷开辟个人账号，成了微博矩阵中的一员。

合理配置运营人员

矩阵账号建立后，我们还要为每个账号配置适当的运营人员，这些人员需要具备较强的运营能力、沟通能力、营销推广能力，才能胜任相关工作。如果运营人员能力较强的话，也可以考虑一人管理多个账号，这样也能为企业节省不少人员费用。

设定整体运营方案

矩阵中的账号不能各自为政，而是应当按照整体运营方案协调运作。为此，企业应当制定微博营销的大目标，再将大目标划分为阶段目标，然后分配给每个

新媒体营销101招：
内容运营+引流技巧+营销推广

矩阵账号。如果企业要推出新的业务，或是准备举办营销活动，也要提前做好整体计划，确定每个账号主要宣传哪些内容，需要保持怎样的推广节奏，这样才能将所有的账号凝聚在一起，形成一股强大的合力，发挥出最大的营销价值。

筛选优质内容

由于微博矩阵账号的粉丝有一定的重叠性，所以我们可以利用这一点来筛选优质信息，比如可以先在子账号发布信息，如果某条微博的转发、评论量较高，说明粉丝的喜爱度高，我们就可以用官方主账号在粉丝最活跃的时段再推送一次该信息，这样可以起到更好的宣传效果。

当然，转发子账号微博的频率不能过高，否则矩阵中各账号发布的内容会有较大的重合度，体现不出差异性，用户就会产生"审美疲劳"。

第64招
如何创作一条热门微博

想要创造出热门微博，让自己的营销内容被更多用户看到。我们必须首先建立起自己的"关系链"，也就是要有一定量的粉丝群，而且这种粉丝应当是有来有往的"真爱粉"。如果"真爱粉"们被我们深深打动，就会通过自己的关系链将信息散播出去，使得信息的覆盖面积越来越广泛，触达潜在用户的机会越来越多，品牌营销推广的效果就会越来越好。

当然，仅有"关系链"还是不够的，热门微博的打造也离不开以下几点。

抓住爆点

我们可以紧跟当前备受瞩目的话题创作内容，以获得天然的流量和互动热度。为此，我们需要对信息保持较强的敏锐度，一旦发现某个热门事件开始引发大众关注，我们就要抓住时机，立即投入创作，争取在话题量持续增长的过程中抛出自己富有创意的内容。

另外，一些富有争议的话题也可以称为创作的素材，这也是一种制造爆点的好办法，因为它能够引起粉丝主动讨论甚至是争论的兴趣，会让微博在短时间内达到火爆的程度。不过，我们要注意把控争议话题的尺度，不能故意用一些违背正常价值观的话题去挑战粉丝的接受底线，否则只会引起他们的厌恶、反感。

保持原创

想要成为热门微博，保持内容的原创性也是十分必要的，但有的运营人员却忽略了这一点，为了快速吸引用户关注，他们选择从各大平台搬运一些比较优质的信息，自身却无法产生任何有价值的新内容。但这样做只会让重复性内容越来越多，也会让用户觉得索然无味。而且对于同质化微博，系统不但不会给予推荐，还有可能进行打压，所以我们一定要提高内容的原创性，要用源源不断的新内容来满足用户需求，提升用户传播的积极性。

设计内容

微博运营人员需要研究透彻目标用户对于什么样的内容最感兴趣，然后搭建出内容架构，持续输出富有特色的内容。在设计内容时，我们一方面要注意内容需要新鲜、有趣味，才能产生吸引眼球的效果；另一方面要注意内容应当有"质感"，要能够体现品牌的特色，同时又不会过于直白地暴露营销的目的。此外，我们还要注意"有所为有所不为"，比如不能为了追求曝光率而选择一些低俗、不健康的内容，以免弄巧成拙，让品牌形象大受损害。

提升互动

微博的阅读、转发、评论、点赞数据等都是影响微博上热门的关键因素，所以我们在发布微博后应当尽可能地引导用户互动，并可以从用户留下的信息中筛选有趣的内容及时回复，使这些信息能够成为热评，进入更多用户的视野，引发一轮评论的热潮。

我们也可以通过自己的矩阵账号转发内容，或是邀请大V帮忙转发，但要注意不能用同一个账号多次重复转发，以免被系统降权。

上述这四点既是创作热门微博的必备要素，也是非常实用的微博运营技巧，运营人员可以通过不断揣摩、不断实践掌握这些技巧，产出更加精准的有利于品牌推广的热门内容。

新媒体营销101招：
内容运营+引流技巧+营销推广

第65招
如何通过微博进行产品的宣传和推广

微博拥有十分庞大的用户群体，而且用户年轻化趋势明显，90后、00后用户占比接近80%，女性用户占比较高，消费能力较强，所以很多企业都会将微博当成产品宣传和推广的主要阵地。但微博营销想要取得理想的效果，首先需要把握好以下这些细节。

准确定位目标用户

微博日活人数高达2.24亿，在海量的用户群中，我们首先应当锁定目标用户群，才能有的放矢地进行产品推广。为此，我们可以充分利用微博搜索工具，按照产品或品牌、行业关键词进行搜索，就可以定位用户和潜在用户。我们可以了解他们更喜欢哪种推广形式，更在意产品的质量、功能、外形还是价格等，由此出发制定推广策略，会更容易被用户接受。

另外，我们也可以主动制造一些与产品、品牌、推广理念有关的话题，吸引用户进行讨论，从中也能够找到不少潜在用户。

将用户变成自己的粉丝

找到了目标用户之后，我们还要想办法将他们变成自己的粉丝，因为粉丝对产品的认可度更高，对品牌的黏性更强，当我们发布营销信息时，粉丝更容易接受，并会主动帮忙转发、评论，因而能够产生更好的传播效果。

为此，我们需要打造更加优质的内容，以赢得用户的好感，使他们愿意关注我们的微博；我们也可以主动关注一些目标用户，吸引他们回访，如果我们的微博内容能够引发他们的兴趣，他们也有很大可能会成为我们的粉丝；我们还可以加入一些目标用户比较集中的微群，在其中发布有价值的内容，或是帮用户解决问题，也能让不少群用户变成我们的粉丝。

与粉丝保持积极的互动

想要获得粉丝的信任，我们还要注意保持与粉丝之间的互动，比如要积极回应粉丝留下的评论，让粉丝有一种受到了尊重的感觉；我们还可以偶尔转发粉丝的高质量微博，在转发的同时一定要附上有价值、有深度的评论，这会让粉丝感到非常惊喜，也会让其他粉丝感受到我们的诚意。这样的互动花不了多少时间，但只要坚持去做，就能收获粉丝的好感，也能让营销起到更好的效果。

巧妙植入推广信息

在微博宣传推广产品，一定不能过于直白、迫切，有的企业在开通微博后就会迫不及待地发布大量营销信息，还有的企业总是发一些硬广告微博，这些行为都不可取。正确的做法是多发布有价值、有趣味、有个性的内容，再适当发一些带有隐蔽性的宣传微博，将产品信息巧妙地植入实用技巧、免费资源、搞笑段子中，粉丝看到后会更愿意点赞、评论或转发。

我们也可以多参考其他企业在宣传推广方面的成功范例，再结合自身特点与客观环境进行微博营销创新，也能够起到减少推广成本、提升推广效果的作用。

第66招
举办微博活动有哪些积极的意义

企业在微博进行营销推广，单靠日常的内容运营还不足以维持粉丝的黏性，我们很有必要通过精心设计的微博活动吸引粉丝的注意，调动粉丝转发、评论的积极性，使粉丝活跃度不断增加。

具体来看，策划、举办微博活动，至少能够产生以下这些积极的意义。

能够提升粉丝活跃度

用户关注微博后，长时间不进行互动，就会变成"僵尸粉"，运营人员要想办法让这些粉丝活跃起来，而举办活动就是一个很好的"促活"办法。比如运营人员可以发起有趣的话题，配合有奖问答、有奖评论等活动，能够引发用户讨论和传播的兴趣；再如运营人员发起抽奖活动，合理地利用微博抽奖平台为粉丝发放福利，也能够促使粉丝"动"起来。像这样经常与粉丝保持互动，品牌与粉丝之间的联系会更加紧密，粉丝不会轻易流失。

能够带来新的粉丝

在微博开设账号后，运营人员常会发现粉丝增长速度较慢，内容互动数据较差，此时我们也可以通过活动来"拉新"。好的活动能够为产品和品牌带来更大的曝光度，也能够提升品牌综合影响力，会吸引新粉丝关注。另外，我们可以将活动规则设为"参加活动需要关注或@几名好友"，这样也能为企业微博带来源源不断的新粉丝。

能够带动产品销售

我们还可以配合新产品上市，推出有奖转发活动、抽奖试用活动，奖品就是刚刚面试的新产品。在一轮微博活动结束后，我们需要引导粉丝晒图发微博，对产品给予良好评价。经过这样一番宣传，其他不熟悉产品功能、质量的用户，看到了真实的照片和文字，就会对产品产生浓厚的兴趣，会主动了解更多的产品信息，也有可能直接下单购买，新产品也可借此机会获得市场的认可，销量会不断攀升。

总之，微博活动能够增加老粉丝的黏性，还能够吸引新粉丝、提升品牌影响力、增加经济效益，因而是企业必不可少的营销法宝。

第67招
微博活动有哪些常见的类型

微博活动已经成为企业、品牌连接用户的重要形式，很多大品牌都会在微博上开展各式各样的活动，也引发了粉丝参与的热情。

那么，微博活动有哪些常见的类型呢（图5-4）？

图 5-4
微博活动的常见类型

转发抽奖

粉丝按照要求转发企业官微的某条微博，即可得到抽奖资格（运营人员也可以提升门槛，要求粉丝评论、转发并@若干个好友，才能得到抽奖资格），有可能获得企业提供的奖品。

有奖征集

企业官微向粉丝征集广告语、产品名、创意点子等，如果粉丝的建议被企业采纳，也能获得奖金或奖品。

免费试用

企业想要重点推介某款产品，可以邀请粉丝转发微博，再从中抽取若干名，发放产品请粉丝免费试用，之后粉丝需要提交试用照片或文字，对产品的外形、功能、材质等做出自己的评价。

有奖竞猜

企业官微向粉丝出题，邀请粉丝竞猜产品价格、竞猜新品上线日期等，最后在猜中的粉丝中抽取若干名颁发奖品。

有奖调查

企业官微邀请粉丝回答一些与产品、品牌有关的问题，从中可以收集宝贵的反馈意见。粉丝参与调查后也能够获得一定的奖品。

在推出活动的同时，我们还可以加入自己的创意，让活动能够更具吸引力，可以提升粉丝参与的兴趣。比如我们可以提供一些创意奖品，价格不必非常昂贵，但却能让粉丝有耳目一新的感觉，他们就会情不自禁地参与到活动中来。

我们还可以在活动中加入一些有趣的玩法，比如可以将一站式转发抽奖的传统模式改成阶梯式抽奖——把奖品设置为多个等级，越到活动后期，奖品价值越高，最后还有一个神秘大奖等待粉丝揭晓，这样也能够调动粉丝的好奇心，吸引他们一直参与下去。而在活动进行的每个阶段，我们都要公布中奖名单，再用带有倒计时图样的海报进行下一阶段的活动提醒。这些做法能够炒热活动氛围，吸引粉丝将活动扩散出去，会让活动的效果得到最大化。

第68招
微博活动要注意的六个关键点

很多企业都希望通过微博活动在较短时间内聚拢大量人气，实现营销推广的目标，然而在实践中，并不是所有的微博活动都能取得成功，有时企业精心策划了一场活动，转发次数却寥寥无几。之所以会出现这样的情况，是因为企业没有处理好以下这几个关键点（图5-5）。

明确活动目标

企业在策划微博活动前，一定要明确自己想要达到的目标，是想要增加粉丝数量，还是提升新产品曝光度，还是提升线下店铺销量。活动目标不同，活动的具体形式就会有所差异，比如侧重于新产品推介的活动可以用免费试用的形式进行，让用户能够提前体验新产品；侧重于提升销量的活动可以将奖品设置为优惠

图5-5
微博活动的六个关键点

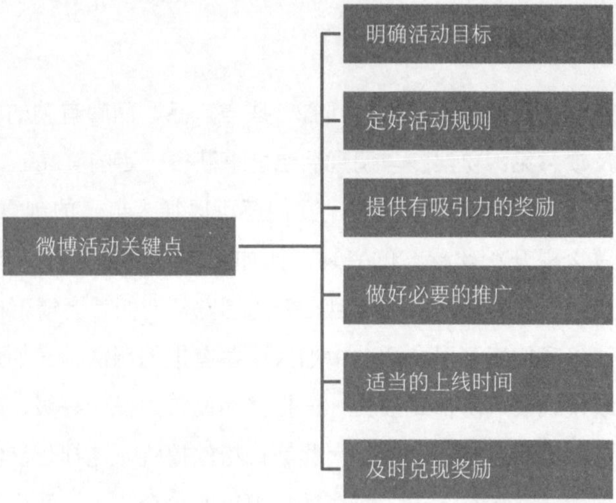

```
                                              ┌─────────────────┐
                                              │  明确活动目标    │
                                              └─────────────────┘
                                              ┌─────────────────┐
                                              │  定好活动规则    │
                                              └─────────────────┘
                                              ┌─────────────────┐
                                              │ 提供有吸引力的奖励 │
           ┌──────────────┐                  └─────────────────┘
           │ 微博活动关键点 │──────────────────┤
           └──────────────┘                  ┌─────────────────┐
                                              │  做好必要的推广  │
                                              └─────────────────┘
                                              ┌─────────────────┐
                                              │  适当的上线时间  │
                                              └─────────────────┘
                                              ┌─────────────────┐
                                              │  及时兑现奖励    │
                                              └─────────────────┘
```

券，引导用户到线下消费。只有理清了目标，活动的形式、流程才会变得更加清晰，活动后也可以进行科学的效果评估和分析，看看是否已经达成了既定目标。

定好活动规则

微博用户每天都要面对海量的内容，不可能对每一条内容仔细阅读，他们大多是随意地滑动手机屏幕，看到有意思的微博才会略做停留。因此，企业在发布活动微博时一定要注意言简意赅、突出价值点，切忌长篇大论地描述活动规则，那会让用户失去阅读下去的兴趣，导致参与的积极性降低。所以企业要多多打磨活动文案，去除多余的信息，修改难懂的文字，要让最后呈现在用户眼前的文案是最简洁流畅、通俗易懂的，再配合美观、清晰的图片，才有可能让用户愿意了解活动的细节。

提供有吸引力的奖励

普通用户愿意参加活动，最大的动力便是企业提供的各种奖励，在这方面，我们也要精心设置，不妨从以下几方面出发，选择最适合的奖励：

（1）充分研究目标用户最喜欢的是什么，然后从他们的需求出发去选择奖励；

（2）考虑营销成本问题，尽量不要选择高于预算的奖励，以免给企业造成过多压力；

（3）尽量避免常规化、无新意的奖励，以免用户产生"审美疲劳"。

做好必要的推广

"酒香也怕巷子深"，再好的活动如果缺少必要的推广，也难以达到理想的营销效果，所以我们应当在活动上线前进行预热推广，让用户对活动产生兴趣。为此，我们可以根据产品特色找到相应的创意点，再发起相关活动话题，吸引用户进行讨论，这样活动一上线就会备受关注。

在活动期间，我们也可以请公司员工帮忙转发，或是花费一些成本，邀请行业大V、微博红人转发造势，使得活动能够被更多用户知晓，有可能引发病毒式的传播效果。

适当的上线时间

如果我们能够找到适当的活动上线时间，也能获取很多免费的流量。比如每年"双十一"大促期间，众多商家都会纷纷发布活动微博，竞相吸引用户的关注，但如此"扎堆"营销，却很容易让自己的活动微博被"埋没"。此时有的商家却会独辟蹊径，选择在大促过后的第2～3天展开活动预告，此时用户的购物热情还未完全消减，竞争对手也已经"偃旗息鼓"，如果商家的活动又充满创意的话，自然会让用户被深深吸引，活动也会大获成功。

及时兑现奖励

企业举办微博活动还要注意及时为获奖的用户兑现奖励，否则用户就会认为企业是在弄虚作假，并会对品牌失去信任；另外，有的企业为了降低成本，会将大奖暗箱操作给自己的员工，这样的行为也会让用户感到十分失望。凡此种种都要注意避免，否则下次企业再想开展活动，就很难让用户产生参与的积极性了。

需要提醒的是，企业在兑现奖励后，还需要引导用户进行二次或多次传播，比如运营人员可以与中奖用户沟通，请他们晒出自己的奖品和使用感受，对于优质的内容还可以给予一定金额的优惠券奖励，这样不但能够提升复购率，还能达到持续性口碑宣传的效果。

第69招
如何借助微博红人引爆传播

微博红人，也叫"微博大V"，他们拥有数量可观的粉丝，在各自的粉丝群中有较强的话语权和影响力。

按照账号输出的内容领域和粉丝的覆盖范围，我们可以将他们大致分为"草根红人""明星名人"和"意见领袖"三大类。

（1）草根红人的微博以内容取胜，具有泛娱乐化、传播力强的特点，账号受众广泛，粉丝人群不分领域，像"小野妹子学吐槽""手工耿""机智的何先生"等都属于这一类。

（2）明星名人的微博自带流量，即使没有用心打理内容，其账号下也会聚拢自己的粉丝群体，数量十分庞大。

（3）意见领袖则是在某一细分领域影响力强大的红人，他们能够提供专业的意见，并能与该领域的用户保持紧密的联系和频繁的互动。他们的粉丝数量虽然无法与前两类红人相比，但粉丝黏性更强，而且粉丝对博主的认可度和依赖感更高，也更容易受到营销的影响。

对比这几种红人的特点，我们会发现，企业选择与"意见领袖"合作，更容易达到理想的营销效果。因为这类红人能够得到粉丝的追捧，靠的不是高颜值或泛娱乐化的表演，而是长期输出符合粉丝需求的内容和价值。而且这类红人对于垂直领域粉丝的心理把握得更加准确，知道该如何吸引粉丝，如何与粉丝保持持续互动。

也正因为这样，现在很多企业在进行微博营销时，往往更看重这种意见领袖，更愿意与他们合作，以便更加准确地接触到特定领域的目标受众。

不过，在现在这个红人辈出的时代，企业应当如何找到最适合自己的意见领袖呢？下面就介绍几种简单可行的方法。

利用微博排行榜查找

排行榜会根据影响力指数、微博粉丝数、活跃度等指标对知名博主进行排名，比较精细的排行榜还会给出各个领域如美妆、母婴育儿、数码科技、教育、体育、汽车、财经、旅游等垂直领域的榜单。企业可以在垂直领域寻找最符合自己品牌调性的红人，还可以关注那些有发展潜力的"黑马号"，让他们成为自己的品牌推广大使。

通过标签精确查找

企业还可以通过自设标签来精确定位合适的红人，比如企业可以对自己的品牌和产品设定最具体确切的标签，如"时尚""青春感""年轻活力"等，然后再按照这样的标签搜索符合条件的微博红人，直到找到与品牌和产品最为匹配的人选。

发现那些对品牌有兴趣的红人

有的微博红人知名度和影响力不算最高，但他们对于产品怀有浓厚的兴趣，有的甚至已经在微博上对产品进行了"义务"宣传和推广。企业也可以考虑与其合作，因为他们的目标受众会与品牌和产品十分吻合，而且合作费用往往比较低，能够为企业节省不少营销成本。

与第三方机构合作

如果企业对于红人营销还不太熟悉，为了节省时间，也可以直接联系一些拥有丰富资源的第三方机构，他们会利用大数据和用户画像精准地描绘出红人的特征，之后可以为企业解决红人接洽、沟通、策划推广等一系列的问题。

需要提醒的是，即使企业已经确定了适合的微博红人，对于之后的营销工作也不能够掉以轻心。因为营销不是简单地让红人在微博中提一句品牌就能做到，而是要聚合多种手段、精心设计内容和活动才能得以实现，所以企业应当重视与红人的长期沟通合作，并要认真听取他们的专业意见，这样才有可能产出一些高价值的营销"金点子"。

微博营销要避免的五种做法

微博蕴含着巨大的商业价值和宣传机会，企业利用微博宣传产品和品牌，能够取得良好的效果，但这要求企业对微博营销有正确的认知，也能够找到行之有效的策略，否则微博营销不但无法为企业创造价值，反而还会对企业形象、品牌美誉度造成一定的损害。

以下这五种做法就是企业进行微博营销时一定要注意避免的。

忌盲目量化营销效果

微博有很多看不见的营销价值，比如能够提升品牌的知名度、影响力，能够为企业树立良好的公众形象，能够赢得潜在用户的关注等，这些价值都是难以被量化的，但很多急功近利的企业主却看不到它们的重要性，反而一再要求运营人员想办法提升粉丝数量、转发数量、评论数量等。运营人员迫于压力，只好用"买粉丝""买转发"的办法弄虚作假，从表面上看，企业微博十分火爆，可粉丝中却没有多少是真正的用户，如此营销的效果可想而知。

由此可见，微博营销不能一味追求量化效果，而是要致力于品牌推广、形象塑造、客户服务，力求打造良好的社会化口碑。

忌用奖品维系粉丝

有的企业为了吸引用户关注，也为了增强粉丝黏性，会频繁推出各种各样的活动，用一些高价值的奖品来吸引用户的眼球。这种做法确实能够在短时间内奏效，但是吸引来的用户都是以获奖为目标的，对了解品牌和产品毫无兴趣。活动一结束，这些用户就会马上取消关注，再去寻找新的活动，而企业白白付出了价值不菲的奖品，却没有赢得多少忠实粉丝，可以说是白花了冤枉钱。

因此，企业一定要改变这种用奖品引流、固粉的做法，如果要在微博进行活动营销，一方面要注意活动不能过于频繁，另一方面要合理设置奖品，最好能够选择自己的新产品或主推产品，以促使用户多去了解产品信息，企业才能达到营销的目的。

忌过多生硬的推广

有的运营人员把微博当成了发布广告的阵地，经常发一些生硬的产品推广信息，让用户毫无阅读兴趣。

想要吸引用户阅读、关注，我们就要做生动的内容营销，要控制好普通内容和营销信息的比例，同时要将营销信息巧妙地融合在情感化、趣味化的内容中，让用户不会产生抵触心理。比如某体育用品公司的官方微博因为硬推广信息过多，一直不受用户的欢迎，后来该企业招募了经验丰富的微博运营人员，重新打造内容框架，使得用户能够看到体育赛事讯息、明星趣闻、产品选择技巧等多方面的信息，至于新产品优惠信息、购买链接也会不经意地加入其中，经过这样一番改变后，用户关注度明显提高，新产品也打开了销路。

忌过度转发刷屏

有的运营人员喜欢转发别人的微博，有时看到一些热门微博内容新颖有趣，就会点击转发，以为这样会给用户带来不一样的观感。可转发微博太多，对树立品牌形象并不是一件好事。当用户打开企业的官方微博主页后，映入眼帘的都是各种转发微博，却看不到多少原创内容，用户对企业官微的好感就会降低。另外，运营人员一味转发微博，会造成刷屏效果，粉丝的阅读体验大受影响，也很容易选择取关。

因此，运营人员应当控制转发微博的频率，每天转发 1 ～ 2 条即可，而且一定要选择与本领域相关的精品内容，才不会影响用户的观感。

忌胡乱借势营销

借势营销在微博上十分常见，借着热点人物、话题、事件做文章，能够快速吸引用户的注意力，提升品牌和产品的曝光度，所以很多企业都会用到这种手段。2020 年一个叫丁真的藏族男孩突然走红网络，吸引了无数人的注意，还被称为"甜野男孩"，此时有的商家便借势营销，推出了"丁真同款"绿松石耳环，还在微博进行推广，销量十分火爆。零食品牌"旺旺"也采用了别具一格的营销创意，让自己的品牌吉祥物"旺仔"也戴上了绿松石耳环，还自称为"甜野旺仔"，逗乐了不少用户（图5-6）。

然而，并不是所有的借势营销都能取得成功，宝马的失败营销案例就值得我们的深思。在"打工人"这个网络新梗悄然走红的时候，宝马发布了一条微博"我已经加满油了，你呢？打工人。"这条看似风趣的微博却引发了众多网友的反感，原因是"打工人"的内涵并不符合宝马"高贵""高档""奢华"的品牌调性，强行借势营销，只会造成严重的负面效果。

由此可见，在微博进行营销，我们一定不能犯"想当然"的错误，不能随意揣测用户的需求和喜好，而是要深入了解用户真正需要的是什么，才不会犯一些不应有的低级错误。

图5-6
旺旺备受称赞的借势营销

新媒体营销101招：
内容运营＋引流技巧＋营销推广

海尔如何把握微博营销的"脉门"

说到品牌官微，我们可能会认为那就是企业产品、品牌理念的"传声筒"，其内容大多刻板无聊，偶尔能够赢得用户转发的微博，也多是一些抽奖或活动微博。

然而，海尔的官方微博却颠覆了我们的固有印象，这家企业准确把握住了微博营销的"脉门"，用几年时间将自己的官方微博运营成了具有超级影响力的"网红"。如今，海尔官方微博坐拥148万粉丝，每条微博的转发、评论、点赞量都比较可观（图5-7）。

图5-7
坐拥148万粉丝的海尔官方微博

那么，海尔是如何进行微博营销的呢？

关注年轻群体的诉求

在进行微博营销的过程中，海尔注意到了年轻群体对高品质生活的诉求，加上年轻群体也是移动互联网上最大的营销受众和最主流的信息传播中心，所以海尔注重针对年轻群体策划营销策略，其中一些颠覆常规的做法不但吸引了年轻群体的眼球，还引起了业内同行的交口称赞。

比如海尔曾经举办过"海尔兄弟"新形象征集大赛，亲自"恶搞"自己的LOGO，引发了年轻网友的狂欢。大家纷纷设计上传新的海尔兄弟形象，诞生了一大批被称为"毁童年"之作的肌肉猛男版、Q版、雷人版海尔兄弟新形象，还涌现出了一批以海尔兄弟为主角的搞笑漫画。对于海尔来说，这种营销的成本比制作广告要少得多，效果却是广告宣传所无法比拟的。

保持粉丝活性

在微博进行营销不能只关注粉丝的数量，却忽视了粉丝的活性。海尔就曾经大刀阔斧地清理过微博"僵尸粉"，只留下几十万互动性极高的粉丝，因为他们认为那些依靠"僵尸粉"营造起来的影响力和大数据其实都是"虚假繁荣"，只有真粉丝才能与品牌保持有效互动。

现在，海尔官方微博每发出一条内容，都会引来少则几百，多则上万的回复、转发和点赞，而且海尔还经常和各家官方微博就同一个话题展开互动，引来无数粉丝围观，这种高人气也证明了海尔的举措是完全正确的。

抓紧时间进行趣味营销

官方微博不一定总是要板着面孔说话，海尔就更愿意做接地气的趣味营销，拉近品牌与粉丝之间的距离。

曾经有粉丝在热门微博"故宫淘宝"上留言希望能出一款"冷宫"冰箱贴，好事的粉丝也顺手@了海尔，希望两家可以合作出一款"冷宫冰箱"。海尔官方微博马上发出回应微博："容我考虑考虑。"该条微博下评论、点赞数量超过3万，也引起了海尔的高度重视。仅用了24小时，海尔就发出了冷宫冰箱设计图，并@了"故宫淘宝"："公公，敢不敢玩真的？""故宫淘宝"幽默回应："玩？少年，怕你受伤。"两家官方微博的互动令围观的粉丝捧腹不已，对品牌的关注也

新媒体营销101招：
内容运营＋引流技巧＋营销推广

更加上升。随后不久，冷宫冰箱问世并在天猫接受订制，这款产品赢得了粉丝的交口称赞。这个案例不仅让我们看到了海尔在新媒体营销方面的独到之处，也显示出海尔对用户需求的极端重视与快速响应，这些都是海尔受到用户追捧的原因所在。

抢热评，争焦点

在热门微博下方，排位靠前的评论被称为"微博热门评论"，如果能够抢到热评位置发布信息，就能够获得很大的曝光量。正是因为这样，海尔的运营人员常常会主动冲击，去抢热评、争焦点，引得网友纷纷调侃。有时海尔没来得及评论，网友还会笑称："海尔还有五秒到达现场"。靠着这样的办法，海尔可谓赚足了眼球，而这种做法也引起了其他官微的竞相模仿，以至于很多热门微博下面都能看到"蓝V"（微博机构认证标识）账号在抢占热评。

海尔对此乐见其成，它还会和其他品牌的官微主动合作，进行抱团营销，使得营销的效果不断升级。

海尔的这些营销策略，正是对用户需求和市场趋势精准把握的结果。这些新鲜有趣的微博营销玩法掀起了一阵又一阵传播的热潮，提升了品牌在用户群体中的知名度和口碑，更有助于在年轻群体中激活新的增量市场，对于海尔的长远发展能够产生很强的促进作用。

第6章
二维码营销

第
72
招

———

第
78
招

第72招

二维码，营销的"金钥匙"

在移动互联网时代，二维码不仅为日常支付和移动社交提供了便利，还为企业营销带来了很多新的思路。很多企业都将二维码视为营销的"金钥匙"，把它当成挖掘潜在用户、提升品牌效益和市场竞争力的重要手段。

具体来看，二维码营销主要有以下这些明显的优势。

二维码营销成本更低

与传统的媒体广告相比，二维码的成本要低得多，因为它制作简单，能够降低印刷成本，而且它还能节约版面资源，只用一个小小的二维码，就能够传递更多的信息，远超过广告所能达到的传播效果。

二维码营销简单方便

二维码营销不受时间、地域的限制，用户只要用智能手机扫码，就能快速获取产品、企业信息，或是可以参加企业推出的各种活动，十分方便。

企业也可以通过扫码数据挖掘出目标用户的消费水平、消费偏好、需求特点等重要信息，继而可以根据这些信息设计更能够吸引用户的创意二维码，实现精准营销。

二维码营销使用广泛

二维码既可以在线上投放，也可以在线下的门店中布置，还可以与企业的宣传活动完美结合——将印有二维码的宣传页展示在明显的地方，可以吸引用户扫码。

企业通过二维码从线上、线下获取的流量还可以互相转化，比如一部分潜在用户通过扫码了解了线下门店的情况后，会成为线下的实际消费者；与此同时，线下的用户也可以被引到线上，去浏览企业网站或商城，有助于进一步提升品牌效益，带动客流量和销售量的增长。

新媒体营销101招：
内容运营＋引流技巧＋营销推广

二维码营销能够提升用户对产品和品牌的信任度

企业还可以接入"一物一码"技术，赋予每件产品唯一的二维码"身份证"，用户只要扫码便可查询产品真伪，购买时会更加放心，这对于品牌也能起到保护作用。

"一物一码"技术还可以与小程序相结合，用户扫码后即可跳转小程序参与集卡、营销、小游戏等活动，还可以直接获得优惠券或现金红包，这些设计能够提升用户忠诚度，还可吸引用户复购。东鹏特饮就曾经通过"一物一码"为用户发放优惠券，促使销量年复合增长40%，节省的年营销费用高达3000万元。

总之，二维码营销是移动互联网、物联网新时代发展的必然趋势，企业应当顺势而为、抓住机遇，利用二维码进行创新性营销，使企业能够在激烈的市场竞争中继续保持优势。

第73招
向用户提供充足的扫码理由

在移动互联网时代，二维码凭借自身的优势成了营销的良好载体，只要运用得当，便可提升品牌影响力，带动客流量和销售额的增长。

然而二维码虽好，却常常在顾客扫码环节遇到麻烦。这主要是因为一些用户有很强的自我保护意识，他们担心扫码后手机会中毒，会造成资金损失；也担心自己遇到的是"消费陷阱"，扫码就会受骗上当；还有些用户担心自己的个人信息会被泄露，所以坚决拒绝扫码。

为了让用户消除不必要的疑虑，愿意主动扫码，我们就要给用户足够的扫码理由。

营造值得信任的氛围

企业可以在自己门店的显眼位置投放二维码，并最好能够采用"内嵌式"设计，避免被不法分子涂抹、粘贴；同时企业可以在二维码旁加上一行小字说明，如"店铺专用二维码，请放心扫码"，有助于减少用户的怀疑。

另外，企业还可以安排工作人员来引导用户，看到身穿制服、表现十分专业的工作人员后，用户会自然地生出几分信任感，此时工作人员只要稍加引导，就能促使用户拿起手机、扫描二维码。

为用户提供利益

想让用户做出扫码的动作，我们还需要拿出实打实的利益来。比如有的用户喜欢实惠、便宜，我们就可以推出"扫码赢礼品"的设计，用户扫码后可以直接领取优惠券或现金红包，也可以抽奖领取礼品；也有的用户性格外向，喜欢交友聊天，那么"扫码入群"能够满足他们的社交需求；此外，扫码之后，消费流程会变得更加简洁，能够为用户节省时间和精力，用户还能检验产品真伪，这些对用户也能产生一定的吸引力。

也就是说，用户知道自己在扫码后能够得到有形的或无形的"好处"，他们才会产生强烈的扫码意愿。

激发用户的好奇心

想要吸引用户扫描二维码，我们还可以从视觉设计方面想办法，比如可以设计一些样式奇特、前卫或是有鲜明艺术感的二维码，让用户能够被深深吸引，并会不由自主地想："二维码还能这样玩？那么这个二维码会扫出什么样的结果呢？"在强烈的好奇心的推动下，用户可能无需引导，就会主动去扫码。

给用户带来乐趣

我们还可以撰写幽默的二维码文案，让用户在会心一笑之后愿意主动扫码。比如某奶茶店的二维码文案是"奶茶记得加冰，爱我记得走心，扫码关注"，再如一家文具店的二维码文案是"挨过削才能做尖货，放心扫码"，背景是一张被削尖的铅笔，这条文案借助双关语营造出了幽默氛围，也得到了用户的认可。

在进行二维码营销时，我们可以灵活运用以上方式"玩转"二维码，带给用户持续不断的惊喜，让企业与用户之间的联系变得更加紧密。

第74招
如何设计出有特色的二维码

说到二维码，我们会自然地想到那些黑白两色的二维码图样，它们看上去千篇一律、单调乏味，无法引起用户扫码的兴趣。

那么，二维码可以被设计为更有特色和创意的形式吗？答案是肯定的。现在越来越多的企业已经在进行这样的尝试，设计出了识别性更高、美观性更好的二维码，而且他们非常注意交互理念设计，能够满足用户的实际需求。

以下这些思路就是企业在设计二维码时经常会用到的。

变换色彩

原始二维码之所以采用黑白两色，是因为黑和白对比度最高。我们也可以采用其他对比色来设计二维码，这样做成的彩色二维码不但能够吸引用户的眼球，还能提升品牌形象，能够给用户留下"时尚、青春、活泼"之类的好印象，而且彩色二维码制作设计比较容易，适合中小企业采用（图6-1）。

图6-1
美观生动的彩色二维码

在具体设计时我们可以从品牌调性出发，搭配出美观、和谐的色彩，不过我们要考虑到配色是否会影响用户正常扫码，所以在调整色彩时最好保持前景色为深色，背景色为浅色，同时定位标志的颜色不能与其他方块的颜色反差过大，才不会影响识别。

遮挡局部

二维码自身有一定的"容错度"，也就是说，即使二维码被遮挡了一部分（理论上遮挡区域不能超过总面积的30%，而且不能遮挡定位标志和校正标志），也可以被顺利识别。

我们不妨利用这一点来设计风格独特的二维码，比如可以将企业的LOGO放在二维码的中央位置，能够强化用户的视觉印象。

周围装饰

我们还可以装饰二维码周围的空间，使原本单调的二维码变成一幅有趣的图画，这样视觉效果会更加生动，而且不会影响二维码的识别。比如经营宠物口粮的企业可以在二维码周围加上头部、四肢、尾巴等装饰图像，让它变成一只卡通小狗或小猫的样子，就会让用户产生耳目一新的感觉。

整体造型

组成二维码的最小单位是栅格，我们可以改变栅格的形状，让二维码的风格变得有个性、活泼起来。比如玛氏食品公司曾经用巧克力豆作为栅格，设计出了一款个性十足的二维码，不但能够吸引用户的注意力，还能彰显品牌特点，能够让用户记住自己是巧克力、糖果等的生产商。

场景再造

我们还可以将二维码与生活场景、游戏场景相结合，做成生动诙谐的趣味二维码，比如设计二维码时可以融入80后熟悉的电子游戏"吃豆人"，将二维码中间的空隙变成路径，让吃豆人在路径间"行进"。用户看到这样一款二维码，会勾起不少童年回忆，也会产生扫码了解更多的欲望（图6-2）。

图6-2
吃豆人二维码

除了上述几种方法外，设计特色二维码的方法还有很多，只要我们能够尽情发挥创意，就能够打造出别具一格的二维码，也能够深深地吸引用户的注意。

第75招
二维码营销推广的渠道

精心设计好了二维码后，我们还要选好推广渠道，才能更好地吸引用户扫码，达到营销的目的。在新媒体时代，适合推广二维码的渠道越来越多，我们可以尝试线上线下相结合的办法，利用新媒体的传播力度，实现最具影响力的二维码营销。

下面就让我们来认识一下二维码推广的主要渠道（图6-3）。

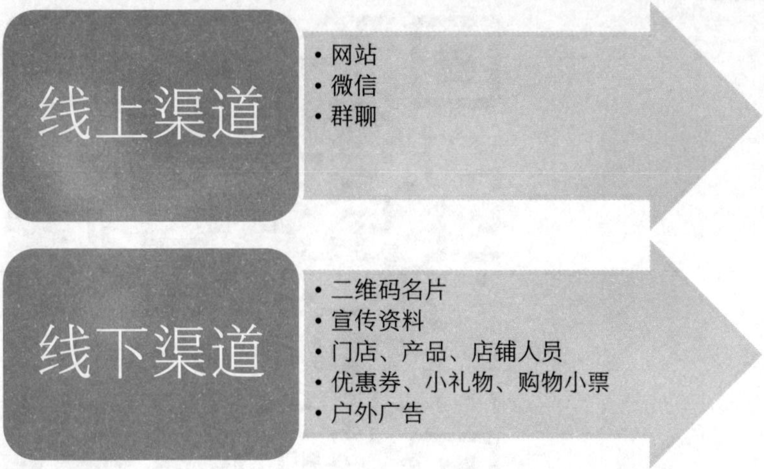

图6-3
二维码营销推广的渠道

线上渠道

（1）网站投放：我们可以选择在自己的网站发布二维码，并可以写一些简要的文字，告诉用户扫码后可以获得哪些好处，以促使他们主动扫码。

（2）微信投放：个人微信、公众号、朋友圈都可以成为分享二维码的渠道，我们可以借助微信上的社会化关系链将二维码传播出去。

（3）群聊分享：在微信群、QQ群、淘宝群聊中也可以分享二维码，但一定要遵守相应的群规则，避免被群主当成发布不良信息。

线下渠道

（1）二维码名片投放：我们可以将二维码与传统的名片相结合，发放给用户，用户只要用手机扫码，就可以一键保存联系方式，还可以进入企业网站浏览信息。

（2）宣传资料投放：企业的各种宣传资料如企业画册、手册、X展架、幕布等，都可以成为二维码投放的渠道，用户拿到这些资料后，可以扫码浏览各种营销内容，能够更深入地了解品牌内涵和产品卖点。

新媒体营销101招：
内容运营+引流技巧+营销推广

（3）门店投放：我们可以在线下门店的显眼位置张贴二维码，再通过店员引导用户扫码。扫码后，用户能够看到产品的详细信息、使用视频，可以全方位了解产品功能，有助于增强购买意愿；扫码还能缩短购物流程，用户可以在线上下单、付款，线下提货，免去了排队等待之苦，门店的人员不足问题也能得到一定程度的缓解。

（4）产品投放：我们可以在产品包装、产品说明书、标签吊牌等处投放二维码，用户扫码后，会进入产品展示页面，能够看到材质、工艺、生产日期、供货商、企业在线咨询方式等方面的详细说明，还能进行防伪验证，用户对产品的品质会更加信赖，购买会更加放心。

（5）店铺人员推广：店铺人员的形象与企业形象息息相关，在工作期间，他们最好能够穿着统一的工作服，佩戴工作牌，这会让用户有一种"正规""正式"的感觉，如果工作服、工作牌上有二维码，店员再稍加引导，用户也会乐意扫码。

（6）优惠券推广：对于印在优惠券、会员卡上面的二维码，用户一般不会过于排斥，因为他们知道扫码能够让自己获得优惠或福利，所以我们一定不能忽略了这个重要的渠道。

（7）小礼物推广：我们可以用一些小礼物推广二维码，比如在餐巾纸、火柴、打火机、鼠标垫上印上二维码，再写上"更多优惠扫码可见"，这对于用户也能产生一定的吸引力。

（8）户外广告推广：在电梯、地铁、公交车的广告位投放二维码需要花费一定的成本，但效果往往会非常理想。这是因为用户在等车、坐车、乘电梯的时候常会感到十分无聊，如果我们能够投放一些富有创意的二维码，便会吸引用户的注意力，促使他们主动扫码。

（9）购物小票推广：拿到购物小票后，很多用户会自然地核对金额、商品数量，也会把小票保存下来，如果我们在小票上投放二维码，再注明扫码可以享受一定的优惠（下次购物时生效），用户得到了优惠，会扫码并再次前来购物，有助于增强用户黏性、提升复购率。同时，小票上的二维码也能关联微信公众号、微店等，可以引导用户关注，还能实现线上、线下的营销一体化。

在实际操作时，我们可以选择一种或几种推广方式，也可以综合多种推广渠道，再加上人员地推，就能够触达更多用户，便于企业进行进一步的精准营销。

第76招
二维码推广容易出现的问题

尽管企业精心设计了二维码，也做好了比较完善的推广方案，但是在推广过程中还是会出现扫码率低、营销效果差的问题。此时运营人员就应当进行及时的分析和反思，看看是不是犯了以下这些常见的错误。

二维码投放位置不合理

在进行户外投放时，运营人员没有处理好细节，造成二维码的位置不合理，用户扫描不方便。比如张贴物贴得过高，用户需要努力抬起手臂才能扫到二维码，很多用户会选择放弃；再如同时推广两个二维码，却没有做好设计，导致二维码的间距太近，很容易扫错。

没有考虑好尺寸问题

有的运营人员会错误地认为二维码越大就越容易吸引用户注意，扫码效果越好，其实事实却刚好相反。比如二维码被投放在大块的LED屏幕上，看上去非常气派、鲜艳，但像素精度不够，扫码成功率会大大降低；再如二维码被印刷在特大号宣传幕布上，挂在建筑外墙边，路过的用户确实会受到吸引，但他们掏出手机扫描时，却会发现二维码无法被放进扫描框内。凡此种种，都是没有做好尺寸规划造成的结果。

呈现时间太短

如果企业想要通过视频广告推广二维码，就要注意二维码在画面中的呈现时间不可太短，否则用户刚拿出手机，还没对准二维码，画面就已经消失了，用户根本来不及扫描。同样的情况还会出现在地铁隧道广告中，这种广告被投放在隧道内的一组组LED显示屏上，在"视觉暂留"原理的影响下，一个个静态画面快速组合，用户仿佛看到画面"动起来了"，但画面实际上是不连续的。很显然，如果我们在这种广告中投放二维码，由于画面一直在变动，用户无法捕捉二维码，也无法扫描成功。

现场信号较差

想要让用户成功扫码，我们还应当考虑现场的网络条件。有时用户已经产生了较强的扫码意愿，但拿出手机后，却发现信号很差，页面打开速度很慢，此时用户往往会失去耐心，不再扫码。为了避免这种情况，我们在投放二维码前，应当实地测试一下网络条件，看看能不能快速成功扫码，扫码后能不能迅速跳转到相应的页面，如果不行，就要及时调整投放地点，才不会影响用户的扫码体验。

除了上述几点外，我们还要考虑用户扫码是否方便。比如我们在做线上直播时，用户已经打开了直播平台，我们又发出了二维码，希望用户扫码关注微信公众号，此时用户需要来回切换应用，会感觉很不方便，有的用户也不擅长这样的操作，索性选择放弃。这种场景其实就不适合进行二维码推广，我们不妨直接告诉用户公众号的名字，再告诉用户点击关注可以获得免费资料或其他福利，然后在直播中多重复几次，以加深用户的记忆，如果用户确实喜欢我们的直播风格，就会自行搜索关注。

第77招
肯德基是如何进行二维码营销的

快餐品牌肯德基在我国拥有不少忠实粉丝，每天光顾肯德基就餐的客人络绎不绝。曾经一到用餐高峰期，店内就会排起长长的队伍，可想而知，在等待过程中，顾客的心情会是多么焦急、烦躁，就餐体验又会受到怎样的影响。

为了改变这种情况，肯德基引入了"扫码点餐"，店内不设纸质菜单，但随处可见点餐二维码。顾客无须排队等候，只要经过简单的三个步骤即可完成点单（图6-4）。

第一步：用肯德基自助点餐APP或微信、支付宝扫描二维码，选择就餐餐厅和就餐方式（店内就餐或打包带走）。

图 6-4
肯德基点餐小程序

第二步：浏览线上菜单，将想吃的食物加入购物车。

第三步：在线支付，等待取餐。为了满足不同顾客的需要，肯德基接入了支付宝支付、微信支付，让支付渠道变得更加顺畅。

肯德基的扫码点餐让顾客不用再大排长龙等待选餐、付款，而是能够快捷、方便地完成支付，顾客能够节约不少时间，特别是在用餐高峰期，更是能够提升效率——顾客可以提前估算好时间，先下单后进店直接取餐，更加方便。

当然,"扫码点餐"只是肯德基二维码营销策略的一部分,通过二维码,肯德基还在以下这几方面有所收益。

有助于提升顾客体验

二维码的使用,对于提升顾客体验很有好处。现在的顾客对于服务质量和就餐体验非常重视,如果哪一家门店让他们感觉不愉快、不舒适,他们就不会再次光顾,而且他们还会把自己的经历发到微博、朋友圈、论坛或其他地方,让不好的口碑不断酝酿,这会对品牌形象造成不少损害。

店铺使用了二维码后,简化了互动环节,让顾客可以舒舒服服地坐着点餐,等餐的时间缩短了不少店员也会有更多的精力为顾客提供服务,顾客会觉得更加满意,也会愿意在网络上传播良好的口碑,这对于品牌形象建设是非常有利的。

方便顾客了解产品和门店信息

肯德基的二维码营销融入了门店信息和产品信息,顾客通过扫码就可以找到距离自己的门店,可以选择到店消费,也可以选择送餐上门,还能随时查看订单状态。在点单时,顾客可以尽情浏览肯德基新开发的各种产品、套餐,了解产品的口味优势,这也是一种无形的产品推广。

用优惠信息提升消费欲望

以微信点餐为例,打开肯德基公众号的点餐小程序后,我们会看到各种优惠信息,有新品优惠、会员有礼、特定产品优惠券等,吸引着顾客点击查看详情;在点餐页面,右上角也会显示"卡包有××张优惠券",而且优惠券还会标明使用期限,这会让顾客产生紧迫感,常常会马上用券下单。

引导顾客成为粉丝

扫码点餐还为肯德基带来了不少粉丝,比如用微信扫码时,顾客需要先关注肯德基公众号,点击"自助服务"中的点餐小程序点餐,而公众号的功能又不止于此,它还有"限时优惠""WOW会员"等多样化的功能,顾客会很自然地了解一番。不仅如此,公众号还有丰富的内容和各种有趣的活动,能够提升粉丝的黏性,也便于肯德基对粉丝开展二次营销。

收集顾客数据

顾客扫码点餐的同时，系统也能够收集到顾客的数据，能够让肯德基更好地了解目标顾客的消费习惯、消费偏好。肯德基可以据此绘制清晰的用户画像，制定更有针对性的营销策略。

肯德基的二维码营销策略告诉我们：小小二维码可以让营销"玩"出很多新的花样。企业不妨参考肯德基的思路，发掘新的营销手段，用二维码提高效率、节约成本、助力营销。

第78招
林氏木业：用二维码打通线上线下营销

林氏木业创立于2007年，与大多数家具品牌不同，林氏木业最初依靠互联网生存，以大数据取胜，精心研究用户需求，改善购物体验，成了互联网家具标志性品牌之一。

在线上，林氏木业的表现十分抢眼，曾经在天猫家具类目实现销售五连冠。但林氏木业也没有放弃开辟线下市场，从2014年起，他们开始尝试"体验店"模式，找到了生存和发展的新路，线下体验店迅速增长到了近300家，销量不断攀升。2020年，林氏木业还入选了"中国家居行业价值100公司"，可见市场和消费者对这个品牌的欢迎程度。

在林氏木业的线下体验店里，用户可以跟随路标，按照一字动线式卖场规划方案观看产品，这些产品采用了场景化展示方法，参照用户日常生活习惯搭建出了一个个温馨的卧室、客厅、餐厅、书房，让用户倍感亲切。用户可以亲手触摸家具材质，也可以闻一闻气味，或是坐下来感受家具的舒服度，能够获得全方位的产品体验（图6-5）。

图6-5
林氏木业线下体验店

在体验过程中，二维码也能发挥重要的作用：店内每件产品上都有二维码，用户如果对产品产生了兴趣，只要用手机扫码，就能看到产品的详细信息，可以更好地了解家具材质、功能设计亮点，还能看到其他用户对该产品的评价，能够促使用户做出购买决策。

通过二维码，用户还能看到关联产品的信息，比如可以看到同一系列的其他产品或是风格近似、材质不同的产品，这相当于把店内有限的展区进行了无限扩大，能够以更低的成本展示更多的产品，也为用户提供了更大的选款余地。

如果用户想要购买产品，也可以扫描二维码直达链接下单购买，这样就打通了线下体验、线上购买的全程，使体验店成为线上旗舰店延伸到线下的触角，而且弥补了线上商品只能看样式却无法具体感知品质和效果的缺憾。

企业主不妨借鉴林氏木业的经验，一方面可以增加品牌知名度，能够从线下购物群体中发掘更多的客户资源；另一方面可以利用线下商品真实可见、可触摸试用的优势，丰富用户的购物体验，让用户在线上选款交易时心中更加有数。

具体来看，企业走线上线下融合之路应当注意做好以下几点。

从线上吸取线下门店开设经验

很多电商品牌通过多年线上发展，已经积累了丰富的引流、经营、服务经验。在向线下延伸业务时，就可以尝试以互联网思维去制定方案，比如店铺的选址可以通过分析线上用户分布数据后做出决策，而不能盲目选择人流量最为密集的黄金地段。

而在线下店铺装修方面，也可以采用了与线上店铺视觉效果配套的色调、灯光、柜台等，这样既能够带给用户美的享受，又能够避免线上、线下视觉效果脱离，不会影响到用户对产品和品牌的认知。

此外，在线下门店服务方面，也可以吸收了线上店铺的优质服务细节，在沟通和服务跟进等方面做到精细到位，这样用户就能对线上、线下店铺给予同样的认可。

利用线上大数据做好日常运营

为了更好地做到信息和数据对接，线下门店可以引入二维码、APP以及客户管理系统，以便实现线上、线下数据实时共享。

在日常运营中，充分研究和分析线上数据对寻找线下潜在消费者很有帮助。比如线上售卖的产品价值较高，用户未能亲身体验，容易出现犹豫心理，不敢轻易下单购买。这样的用户就是很有价值的潜力消费者，客服应当对他们给予足够的重视，并可以推荐他们到最近的线下门店体验一番，这常常会让购买转化率成倍提升。

我们还可以收集用户在线上浏览、收藏的产品款式和价位，制成用户行为模型，用以精确地预测用户需求。这样用户来到线下门店后，可以获得更具针对性的服务，有助于促进成交。

做好线上与线下无缝衔接

为了避免线上、线下渠道互相冲突，我们还需要注意在线下门店采取与线上一致的定价，同时产品款式、品质等也不可有明显差异，否则用户可能会认为线上产品是品质较差的"电商专供款"。

另外，线下门店可以通过二维码扫描、短信通知、电话沟通、公众号发文等方式将线下用户引流到线上店铺，即可实现线下流量"反哺"线上。

如果用户在线上看中了产品，还可以选择交付订金，再到线下最近的门店看货、交付尾款后取货；也可以线下看货，线上订购，从而实现了线上与线下的有机融合，有助于开拓更加多元化的增值发展空间。

第 7 章
APP 营销

第
79
招

第
87
招

APP营销的优势

随着移动互联网的蓬勃发展和智能手机的广泛普及,手机APP(应用程序)出现了爆发式的增长。在用户的手机上,我们能够看见多种多样的APP,它们完善了手机的功能,为用户提供了更加丰富的体验。

很多有远见的企业也顺应移动营销大趋势,纷纷采用APP进行营销推广。那么,与传统营销模式相比,APP营销具有哪些明显的优势呢?

营销成本低廉

与电视广告、报纸杂志宣传、现场宣传相比,APP营销的成本明显更为低廉,而且不受时间、地域的局限。

用户只要下载并安装了APP,就可以随时了解品牌、产品或服务的信息,这些信息可以以图片、文字样式进行展示,也可以借助音频、视频来呈现,形式更加丰富,表现更加直观、生动,便于用户感知。苹果公司在新品发布之前,就会在自己的APP"Apple Store"中进行产品展示,让用户提前感受新产品的魅力,刺激了用户的购买欲望,这样的营销方式耗费的人力物力极少,却能够产生良好的效果。

用户黏性更强

借助APP,企业能够与用户实现零距离接触:用户可以随时随地查找信息,并能够在APP的讨论区发表自己对企业和产品的意见,企业也可以及时做出反馈。这让企业和用户之间的联系变得更加紧密,也让过去"由企业单一推送信息、用户被动接受"的营销方式,变成了企业与用户双向互动的新模式,能够大大改善用户体验,强化用户黏性。

不仅如此,企业还可以在APP中设置各类任务,如"签到赠送金币,金币可以用来兑换优惠券或其他奖品"等。这些小任务能够吸引用户每天打开APP,使得营销效果能够更加持久。

便于实现精准营销

APP营销不同于其他营销模式，它是用户主动下载的，这说明用户对品牌或产品是感兴趣的，所以APP营销在精准性方面具有天然的优势。

企业还可以通过APP精准统计数据，了解用户对产品的偏好，或是对价格、功能、服务有哪些不满。根据这些数据，企业可以优化调整产品定价、产品设计、服务安装流程、推广方式等等，还能够对市场趋势做出快速反应，有助于提升企业的市场竞争力。

能够提升企业形象和品牌影响力

企业能够打造一款个性鲜明、功能齐全的APP，这在用户看来也是一种实力的象征，有助于提高企业、产品在用户心中的知名度，也能够强化品牌影响力，塑造良好的企业形象。

除了上述几点外，APP营销还能为企业直接创造可观的经济效益。比如企业可以利用APP向用户推送最新的促销信息，吸引用户在线上商城或线下门店消费；用户也可以在APP上直接下单，快速完成网上订购，之后可以在APP上查询订单处理情况，购物体验会更加满意，购物积极性也会得到提升，而这都有助于增加营业收入，提升企业的经济效益。

第80招
APP的五大营销模式带来丰厚利润

既然APP具有这么多明显的优势，企业又该如何在新媒体时代开展APP营销呢？

下面就介绍几种最常见的APP营销模式，它们不但能够提高企业知名度、吸引更多用户注册，还能为企业带来丰厚的利润（图7-1）。

图 7-1
APP 的五大营销模式

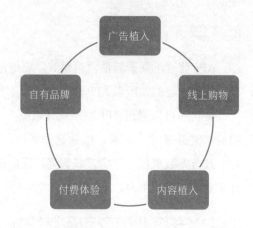

广告植入模式

APP 的开屏广告、动态广告栏、页面广告等都可以成为收费的广告位，用户只要点击广告，跳转到相关页面，显示出了广告内容，我们就可以向广告主收取一定的广告费用。这种广告模式最为直观，能够吸引用户的注意，效果比较显著，也很受广告主的欢迎。

自有品牌模式

企业研发自有品牌 APP，可供用户免费下载，用户使用 APP，可以更加方便、直观地了解企业详情、品牌故事、创始人经历、品牌发展、企业文化、团队结构等多方面的信息，有助于增进对企业和品牌的了解，也有助于企业树立正规、健康的形象。另外，在这种 APP 中，用户还可以浏览产品信息，有助于增强购买欲望。

付费体验模式

企业开发 APP 后，可以将部分内容对用户免费开放，但其他内容和功能就需要额外收费。比如一些读书 APP 上就有免费阅读和付费阅读的书籍，有的付费书籍前若干章是免费的，待用户被书籍内容深深吸引，想要继续观看时，就需要先付费后阅读；还有一些手游 APP，会采取道具收费、特殊关卡收费等模式，如果用户想要获得更加满意的游戏体验，让自己的账号能够进入服务器排行榜，就会不由自主地选择付费畅玩。

内容植入模式

游戏类APP常有植入的广告内容，这种内置广告会以"观看后获得道具"的模式出现，一些不愿意付费购买道具的用户对此往往比较欢迎，他们会主动点击广告，并会耐心地看到最后一秒，以获得免费资源，而游戏厂商则可以获得相应的广告收入。

线上购物模式

APP还可以与电商平台合作，当用户浏览产品，产生购买兴趣后，点击"立即购买"之类的按钮，即可跳转到电商平台的商品页面，下单购买，用户还能随时追踪订单情况，非常方便。这种模式能够帮助企业打通线上、线下的购物环节。

无论采用哪种营销模式，企业都要做好APP的定位、功能设计和日常运营工作，还要与合作企业确定好营销方案，确保用户使用全程是非常流畅的，以提升用户的体验。同时，企业还要努力推广APP，以便引来活跃的用户群，才能为企业带来源源不断的利润。

第81招
APP推广渠道有哪些

企业拥有自己的APP后，还要考虑选择适当的渠道进行推广，这样才能让APP被更多的用户知晓，也才能够提升APP的下载率和使用率。

现在APP推广渠道越来越多样化，线上、线下的渠道种类繁多（图7-2）。具体来看，APP的线上推广渠道包括以下几类。

应用商店推广

新开发的APP可以通过应用商店推广进入用户的视野，并可以获得可观的流量。目前主流应用商店包括手机厂商自己的应用商店，以及应用宝、百度手机助

图 7-2
APP 的主要推广渠道

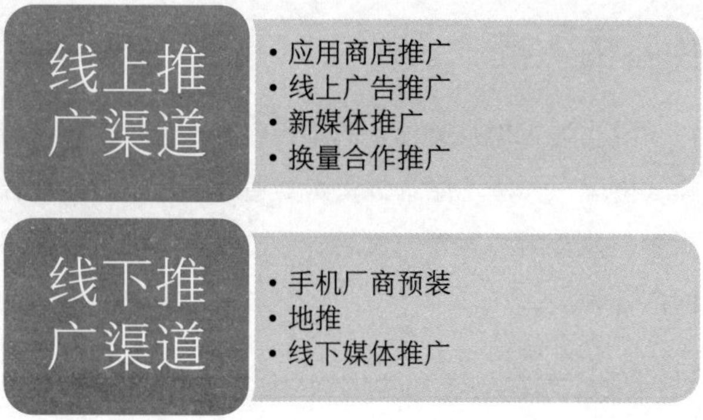

线上推广渠道	• 应用商店推广 • 线上广告推广 • 新媒体推广 • 换量合作推广
线下推广渠道	• 手机厂商预装 • 地推 • 线下媒体推广

手、安智市场、豌豆荚手机助手等。企业可以按照不同的付费模式进行推广，比如可以按照激活次数收费（用户每安装并打开一次应用算一次激活）或是按照广告点击次数、显示次数、时长收费。

企业也可以与应用商店合作，通过品牌资源置换、活动合作等方式实现免费推广。另外，新应用首发或更新版本首发可以享受免费的推广资源，但需要满足应用商店的条件和规则，而且要提前申请，通过审核后才能获得这些资源。比如小米应用商店就要求首发APP必须是高质量的，而且需要提前至少5天预约，上线后要保持24小时独家发布状态。

线上广告推广

如果企业营销预算比较充足，也可以考虑通过线上广告进行推广。比如可以在百度、搜狗、360等搜索渠道进行推广，也可以通过网络广告联盟如百度网盟、搜狗网盟、360网盟等进行推广。这类广告推广成本较高，但推广效果更加明显，而且容易在潜移默化中强化品牌在用户心中的印象。

新媒体推广

企业还可以利用新媒体来推广APP，比如可以利用微信、微博、贴吧、论坛、豆瓣、知乎、头条问答、百度知道、虎嗅、36氪等渠道向用户广泛传播APP的信息，还可以在社群中进行推广，以吸引用户下载使用。

以论坛推广为例，企业可以选取热度高的行业论坛发帖宣传，在发帖时要注意不能植入过多的广告，否则会降低用户的阅读兴趣，还容易触发论坛审核机制，导致帖子被删除。因此，我们可以请专业人员撰写优质软文，如果文章质量高的话，还能够引发用户评论、收藏、转发的兴趣，推广效果更佳。

换量合作推广

这种方式适用于自身拥有宣传资源的企业，在推广时，企业可以选择与应用市场合作，也可以与其他APP或网站合作，具体的合作方式有开屏推广、弹窗推广、焦点图推广、应用内推荐、内容合作等。

比如，用户打开合作APP或网站时，就会自动弹出企业APP的广告；用户在浏览合作APP或网站时，会在焦点位置看到企业APP的宣传图。这样双方通过互换宣传资源，能够达到1+1＞2的推广效果。

至于APP的线下推广渠道，则包括以下几类。

手机厂商预装

手机厂商预装是APP推广的重要方式。用户购买手机后，一开机就会激活APP，推广效果明显，转化率高，不过相应的企业也要付出不菲的成本，所以这种推广方式门槛较高，不适合中小企业采用。

地推

地推是一种传统推广方式，但我们可以对其形式进行改进，再用于推广APP。比如可以在传单上印上APP的信息及下载二维码，再用营销活动来吸引用户，如下载APP送小礼品或优惠券等。

在地推的过程中，推广人员能够与用户产生互动，可以获得最直接的用户反馈信息，还能够提升用户对APP的信任。

线下媒体推广

企业可以在报纸杂志、电视、电台投放广告，能够覆盖更多人群；也可以在公交车站、地铁站、商业街等人流密集的地方投放广告，能够让更多的人注意到APP，还能进一步提升品牌影响力。

当然，无论采用何种渠道推广，我们都要确保APP功能全面、运行流畅，能够给用户留下良好的印象，APP的口碑才会越来越好。这种口碑也会成为一种无形的推广渠道，会在用户口口相传中形成最有效的传播。

如何筛选APP推广渠道

APP推广渠道复杂多样，而企业的推广费用又是有限的，不可能全面覆盖所有渠道，所以运营推广人员应当综合评估各渠道的优缺点，筛选出最适合本企业APP的高效推广渠道，才能用最小的投入获得最大的产出。

在筛选APP推广渠道时，下面这些指标能够给运营人员指明方向（图7-3）。

用户数量指标

用户数量指标可以帮助我们了解渠道获取用户的能力，这种能力可以通过以下几种数据来衡量。

（1）下载量：指的是通过该渠道下载并安装APP的用户数。

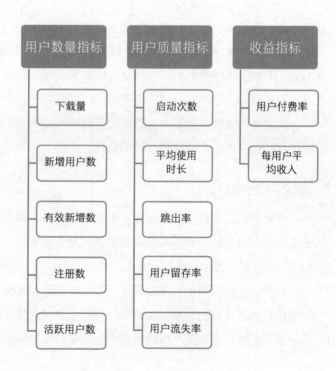

图7-3
筛选APP推广渠道的主要指标

（2）新增用户数：指的是安装APP后，首次打开使用的新用户数量，也可以称为"激活用户数量"。

（3）有效新增数：指的是在第一次使用APP后，从24小时～30天内再次使用APP的用户数量，这个数据比"新增用户数量"更能体现出渠道的拉新能力。

（4）注册数：指的是下载安装APP后，又出现了注册行为的用户数。

（5）活跃用户数：具体包括日活跃用户数、周活跃用户数、月活跃用户数等，如日活跃用户数指的是一日之内启动或使用了APP的用户数，同一个用户在当日多次启动，只记为一个活跃用户。

在统计上述这些数量指标的时候，运营人员要考虑到有的用户第一天安装APP后，第二天还有可能删除，所以运营人员还要做好去重的工作，要多对比历史数据库等资料，观察数据是否有明显的偏差，以便对各渠道做出比较准确的评估。

用户质量指标

只分析用户数量的多少还是不够的，我们还需要研究用户的行为，以此来判断从哪个渠道获得的用户质量最高。为此，我们需要充分研究以下几种指标。

（1）启动次数：指的是在一段时间内用户打开APP的次数，具体可以考察日启动次数、周启动次数、月启动次数，也可以考察对应周期的人均启动次数。

（2）平均使用时长：指的是一段时间内用户使用APP的总时长与活跃用户数的比值。这个数据能够反映两方面的问题，一方面是APP对用户是否具有足够的吸引力，吸引力越高，用户的停留时间就会越长；另一方面，如果平均在线时长极短、明显不符合正常情况，则可能代表渠道有"刷流量"的作弊行为。

（3）跳出率：也称为"蹦失率"，指的是在某个页面下退出APP的人数占该页面总浏览人数的比率，这个比率越低，代表该页面内容质量越好，或是该渠道投放质量越好。但要是比率过高，就需要引起运营人员的重视，要考虑是不是有渠道选择失误、付费关键字定位不准、客户群定位失误、页面内容质量差等问题，另外运营人员还要注意鉴别是不是虚假流量引起的跳出率畸高。

（4）用户留存率：指的是新增用户中持续登陆的用户数量与新增用户数的比率。这个指标需要进行长期跟踪，要分别考察次日、3日、7日、30日等时段的留存率，并可以借此衡量不同渠道的质量——某渠道用户留存率高，说明从该渠道获得的用户在质量上要好于其他渠道，也即该渠道能够为APP带来有更高黏性的用户。

（5）用户流失率：即一段时间内的流失用户总数与总注册用户数的比率。另外运营人员还可以额外考察一下"新用户流失率"，即当天流失的新用户数与当天的总注册用户数的比率。这些指标可以反映出APP是否具有保留住新用户的能力，如果流失用户中一次性用户较多，或出现流失率严重高于预期或突然大幅增高的情况，常常说明渠道与产品契合度太低，后续不建议继续使用该渠道进行推广。

除了上述几个指标外，我们还可以根据APP的实际情况增加一些考察指标，比如付费游戏类的APP就可以考察一下首周付费率等数据，便于做出更加准确的判断。

收益指标

我们之所以要通过各种渠道推广APP，根本目的还是为了实现收益，这一点对于电子商务、游戏类的APP特别重要，所以这类企业需要多多关注以下这些指标，以衡量各渠道的实际变现能力。

（1）用户付费率：指的是付费用户数与活跃用户数的比率。这个指标高的话，说明渠道质量很好，为APP带来了很多目标用户。

（2）每用户平均收入（ARPU）：即一段时期内，总收入除以付费用户数后获得的均值。这个指标还可以进一步细化为日均每用户平均收入（ARPPU），能够反映平均一个用户为APP贡献的收入。根据这个指标我们可以判断某个渠道获得用户的成本是否与收入相称，一般付费率和日均每用户平均收入的数据越高，代表该渠道的用户贡献的价值越高。

通过对以上各种数据指标的分析和研究，我们在评估、筛选APP推广渠道时就能够做到心中有数了。在实际应用时，我们还可以将自己关注的指标按照重要性赋予权重，再通过权重值对各个渠道进行综合排名，就能够找到最适合APP推广的渠道。我们还可以借助指标变化情况及时调整渠道推广策略，比如可以将有限的资源尽量向收益高、成本低的渠道倾斜，还可以根据相关数据调整优化关键词、落地页和广告等等，这样才能让推广产生事半功倍的效果。

第83招
提高APP下载量的几种方法

在推广APP时，"下载量"是运营人员非常关注的一个指标。为了提升下载量，很多运营人员都想尽了千方百计，那么，我们该如何打动用户，让他们愿意主动下载APP呢？本节就将介绍几种提高APP下载量的好办法。

做好ASO优化工作

所谓ASO优化，其实就是"应用商店优化"，其中包括对APP名称、关键字标签、描述、截图及视频、用户评价、社会化分享数据等的优化。以苹果的应用商店为例，标题能够容纳约90个字符，我们需要充分利用所有字符，但不能故意堆砌热词，而是要保证标题通顺且不含有互相矛盾的热词。另外，标题中出现过的热词，最好不要再出现在关键字标签中，以免造成字符浪费。

我们可以按照这样的方法优化自己的标题，之后还可以对其他因素进行优化，这样有助于提升APP的权重，当用户搜索这些关键词时，我们的APP排名会比较靠前，更容易进入用户的视野，能够引发用户下载的兴趣。

随时关注用户评论

用户对APP的评论，不管是好是坏，都应当引起我们足够的重视。如果用户对某些功能提出了质疑，觉得功能多余或是影响体验，我们就要及时改善功能，重新赢得用户的认可；再如一些热心的用户提出了良好的建议，希望APP能够增设某些新的功能，我们也可以考虑是否有实现的可能。注意听取用户的意见，不但会让用户感觉受到了尊重，愿意进行口碑推广，还能让APP变得更加完善、成功，更容易吸引新用户下载。

用"限时免费"来吸引用户

"限时免费"指的是在某个时间段内，将APP免费提供给用户下载，同时用户可以享有付费版的各种服务和完整的功能。不难想象，对于这种"免费"的机会，用户会有多么欢迎，下载量也会因此快速上升。

不过"免费"不能过于频繁，否则就会对用户失去吸引力。所以企业可以做好计划，只在重大节日、企业重要活动日才推出这种福利活动，这样用户会更加重视，并可能会提前关注企业网站或微博、公众号等，无形中也能达到宣传品牌、增加粉丝的效果。

除了上述几点外，我们还可以从已有APP着手想办法。比如企业已经拥有了比较受用户欢迎的APP，现在想要推出全新的APP，就可以尝试在已有APP中推荐新APP，吸引用户下载。这种方法是将下载主动权交给用户，用户一般不会特别抵触。但也有企业会直接将两款APP"捆绑"在一起，让用户同时下载，这种方法带有一定的强制性，容易引起用户的反感，因此一定要慎重采用。

第84招
APP消息推送会产生什么样的影响

运营人员通过APP后台或第三方工具，可以向用户的移动设备分发消息，这就是消息推送（push），它也是企业触达用户的一个渠道。与其他渠道相比，APP消息推送无疑会更加精准，因为它是将消息直接推送给下载并安装使用APP的用户，而这些用户本身对品牌或产品就是比较感兴趣的。

另外，APP消息推送还具有成本低廉的优点，所以很多企业都将它看成是重要的营销推广手段之一。具体来看，APP推送能够产生以下这些积极的影响。

能够将重要信息告知用户

通过消息推送，用户能够在第一时间知晓我们想要传递的重要信息，比如运营人员可以将最新的营销活动消息推送给用户，使用户对活动产生参与兴趣，有助于带动转化；运营人员也可以根据大数据和算法，将用户可能感兴趣的产品或即将上市的新品信息推送到移动设备上，引发用户购买的欲望。

能够提升用户活跃度

消息推送还能成为企业与用户之间沟通的桥梁，用户看到了有趣的推送消息，会产生点击的兴趣，能够提升用户活跃度；另外，运营人员还可以推送一些生日祝福、天气提醒之类的温馨消息，有助于改善用户体验，增强用户黏性。

能够提升用户留存率

很多用户在安装APP后，可能很快就将它忘到了脑后，很长时间都不会打开APP，导致用户留存率较低。此时运营人员也可以借助消息推送唤醒这部分沉睡用户，当用户在移动设备上看到我们精心编写的个性十足的消息后，会重新萌生兴趣，并会立即打开APP了解一番；不仅如此，那些处于流失边缘的用户也有可能被推送消息挽留下来，使得用户留存率有所提升。

能够促进APP迭代优化

在APP版本更新或是对某些功能做了调整之后，运营人员也要在第一时间推送消息给用户，之后我们可以收集用户的使用数据进行分析，就能看出用户是否能够接受新版本或新功能。对于用户反馈情况较好的功能，可以予以保留，再做出进一步的完善；对于用户反馈较差的功能则要进行删除或调整，由此可以促使APP不断向着用户认可的方向迭代优化。

当然，凡事有利也有弊，APP消息推送虽然能够带来很多正面影响，但要是推送内容不佳或是推送方式存在问题，也有可能造成一些负面影响。

比如运营人员在KPI的压力下，一味追求提升用户点击率，频繁给用户推送消息，打扰了用户正常的生活和工作，用户感到十分厌烦，很可能直接卸载APP；再如运营人员为了吸引用户的注意力，编写了一些虚假的文案，用户打开APP后却发现内容与文案毫无关系，这会让用户有一种受骗上当的感觉，也会对APP产生强烈的反感；还有一些运营人员喜欢用低俗、猎奇的文案博眼球，这样不但会损害品牌形象和声誉，还会遭到用户的抵制。

上述这些做法都是运营人员要注意避免的，在日常运营中，我们一定要注意搭建好APP消息推送机制，下功夫改进推送文案、推送方式，才能赢得用户的好感，并能够给品牌或产品带来倍增的传播或销售效果。

第85招
如何写出吸引人的APP推送文案

很多APP运营人员都遇到过这样的问题：不知道APP推送方案如何写才能吸引用户的眼球，有时每天推送消息，但日活（日活跃用户量）就是得不到提升，用户留存率反而在持续下降，问题到底出在哪里呢？

不妨来看一看这样两条APP推广文案：

文案一：终于等到XXX手游问世！金牌画师亲自操刀，最新力作，超凡体验，尽在……

文案二：XX（游戏NPC）在王城酒楼为你订了座，请在半小时内赶到……

很显然，大多数用户更想要点击第二条文案去了解手游的详情，因为第二条文案利用了用户的猎奇心理，设置了一个巧妙的悬念，吸引着用户想要一探究竟；而第一条文案在措辞上就显得平庸了很多，而且文案没有命中用户的痛点——用户可能并不会关心有没有金牌画师参与制作，他们更希望获得一款可玩性强、运行流畅的高质量游戏，但运营人员却没有考虑到这一点，而是把自己脑补的产品卖点当成了用户真正的诉求。

由此可见，在制作APP推送文案时，我们不但要体现产品的功能特色，还要充分考虑到用户的痛点，由此才能明确这次推送要达到的目的，并可以列出需要传递给用户的信息。之后，我们还需要对这些信息进行精简和提炼，找到其中最有价值的关键词，再围绕关键词编写各种风格的文案，如怀旧型、搞笑型、神秘型、套路型、卖萌型等。

在编写文案时，注意以下这些技巧，会让推送效果变得更加理想。

言简意赅

推送文案的字符数是有限制的，所以每次推送的内容都要做到言简意赅，最好能够让用户在第一时间就能看懂文案，而且知道自己可以获得什么样的好处。

比如网易云课堂有一条传达率很高的文案："情商不高的人，如何完

新媒体营销101招：
内容运营＋引流技巧＋营销推广

成自我救赎？"这条文案不算标点符号，只有十四个字，可以说是简单到了极致，但用户一看就会知道这是一堂与提升情商有关的课程，如果用户恰好在这方面有欠缺，便会自然而然地点击链接，进入APP了解详情。我们不妨设想一下，如果用啰嗦冗长的话语写一段介绍课程的文案，是否还能够达到这样的效果？

所以，在实际应用中，我们应当多做简洁有力的文案，可以把信息凝练成一句话，或是将长句拆分为短句，并且要将最重要的信息放在最前面，这样才能让用户的注意力聚焦其上，有助于提升推送效果。

独具一格

市场上同类型的APP越来越多，推送文案的风格也大同小异，而用户们也已经见多识广，对普通的推送文案产生不了好奇心，所以我们只能采用一些独特而有趣的方式编写文案，才能吸引并打动用户。

比如一款记单词工具"词焙"APP就采用了这种趣味文案："一周没背！！！卸掉我算了！！！"用户看到文案的第一感觉是好笑，继而会情不自禁地打开APP，尝试背几个单词。同样，网易云音乐也采用过这种文案："这么长时间不升级新版，难道你劈腿了么π__π？"有趣的文案与生动的颜文字完美结合，会让用户有一种忍俊不禁的感觉。

直达内心

我们还可以尝试编写走心的文案，让用户在看到文案的瞬间，觉得心灵受到了触动。当然，想要达到这样的效果，除了文案本身要足够细腻、动人外，还需要把握好推送的场景和时机，才能让文案直达用户的内心。

比如某外卖APP选择在下班后的时间推送这样的文案："下班了，饿了吗？补点能量才有力气挤地铁，收好这张红包券，算我请你。"这条文案就抓住了都市上班族的心理，用关心的口吻温暖用户的心，同时给出的红包券优惠对用户也有一定的吸引力，所以用户会迫不及待地点击。

再如某音频APP选择在夜间推送这样的文案："一个人吗？我也是呢。"正处于无聊、孤独状态的用户，也会被这样的文案触动，会点开APP排遣心中的寂寞。

需要指出的是，无论我们采用何种技巧编写推送文案，都应当从用户心理出发，从产品特点出发，编写高质量的文案，切忌为了追求点击率盲目推送一些带有迷惑性的文案。比如有的APP喜欢推送"您有一条未读消息""有人@你"之类的诱导文案，这样做固然能够在短时间内奏效，但却会严重损害用户的体验，次数多了，用户对文案和产品都会极度反感，很可能选择卸载APP，可谓得不偿失，所以一定要注意避免。

第86招
如何提升推送消息的送达率和点击率

编写好了推送文案后，我们还要注意处理好推送的时间、频率和目标群体等要素，并应当不断优化推送策略，才能提升送达率和点击率，进而能够达到促活和拉新的目的。

从推送时间来看，运营人员需要特别注意以下几点。

考虑用户的使用习惯

从总体上看，用户使用APP的时间有一定的规律性，比如高峰使用时间有上午时段（8～10点）、午休时段（12～14点）、下班时段（6～8点）和睡前时段（20～22点）。在这些时段内，用户要么处于刚上班还不太忙碌的状态，要么处于休息或下班比较放松的状态，很容易拿出手机翻看，使得推送信息的点击率有所提升。

不过，APP面对的用户群体不同，推送时间还可以有细微的差异。像用户群体如果是以中老年人为主，而他们往往有早睡早起的习惯，所以上午和睡前推送消息的时间应当再提前一些，才能达到更好的效果。此外，我们还要考虑到周末、节假日等特殊情况，因为有的上班族、学生可能会有假日睡懒觉的习惯，所以在这些日子里，上午可以稍晚推送消息，以免打扰用户休息。

在推送频率方面，我们也要注意控制次数，一般来说，非社交、资讯类的APP每周推送1～2次即可，倘若推送次数过多，反而会刺激用户关闭推送功能或是直接卸载APP。

考虑产品的使用场景

推送时间还可以与产品的具体使用场景相结合，而这需要我们不断分析用户的历史使用行为，再根据所得数据制定出推送方案。

比如用户可能会在每天临睡前打开天气查询APP，了解第二天的天气变化情况，好决定是否应当增减衣物，或是决定要不要去洗车，所以这类APP可以着重在睡前时段进行消息推送；另外，如果出现了雷电、高温、大雪等极端天气，APP也可以及时推送消息，提醒用户注意防范，这样不但能够提升点击率，还能赢得用户对APP的好感和依赖。

再如电商APP可以从订单的物流信息入手对用户进行推送，比如产品发货时、到达目标城市时、安排快递员派送时、快件签收时都可以对用户推送相关消息。用户本来就十分关注产品的运输情况，现在不用特意去查看，就能获得APP的温馨提醒，这会让用户的体验得到很大的提升。

考虑竞品的推送时间

在选择推送时间时，我们还要考虑到竞品的推送习惯，选择避开热门时段，才不会让自己的推送文案淹没在信息的海洋中。为此，我们可以多收集一些竞品APP的推送时间，然后对自己的推送时间稍作调整。比如大多数竞品选择在中午11:30推送消息，我们就可以提前半小时发送，但每天的推送时间最好不要有太大变化，才更容易让用户形成习惯，有助于增加用户的黏性。

从推送的目标群体来看，我们应当考虑到用户的差异性和多样化，对不同类型的用户进行个性化推送，这样既能避免频繁打扰用户，又能确保用户收到的是自己感兴趣的内容。为此，我们可以先收集用户信息，再按照不同的"标签"对用户进行分类（图7-4），像基本属性标签（包括年龄、性别、所在地域、受教育程度等）、使用行为标签（包括使用时长、使用频率、使用机型等）、支付行为标签（包括支付金额、支付笔数、支付方式等）、用户价值标签等都可以成为分类的依据。

在实际应用中，我们对某一个标签进行差异化消息推送，也可以将不同的标签进行组合，取交集或并集推送，这会比笼统的全量推送效果更好。

图 7-4
用户标签分类

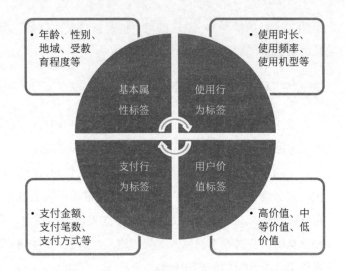

在每次推送之后，我们还应当及时进行数据分析，以便了解推送效果好坏。在分析过程中，我们应当重点关注送达率（消息送达用户数与总用户数的比值）、点击率（点击用户数与送达用户数的比值）等数据，再进行数据回溯，找到推送效果不佳的原因。比如运营人员发现某个标签下的男性用户群体点击率低于均值，就可以回溯用户大数据，找出这部分用户有哪些浏览偏好，下一次推送时可以从这些偏好出发，打造用户喜闻乐见的文案，点击率就会得到提升。

第87招
Keep是如何把握用户核心需求的

APP的发展如火如荼，市场份额不断扩大，每年都会涌现出成千上万的新APP，但最终能够经受住市场考验、得到用户承认的APP却并不多，这其中有一个非常重要的原因，就是很多APP没能把握好用户的核心需求。

因为只有抓住了核心需求，才能知道该如何改进APP的功能和体验，

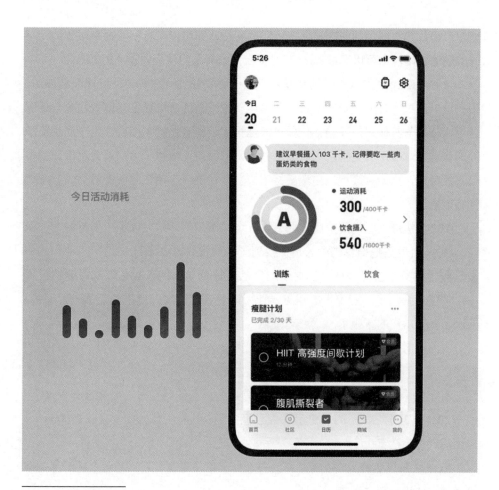

图 7-5

Keep 为用户量身打造课程

让 APP 能够有更多的提升空间，还能制定出最佳的推广策略，让 APP 能够被更多用户知晓。

在把握用户需求方面，一款健身类 APP "Keep" 做得非常到位。Keep 于 2015年 2 月上线，仅用了 3 个月的时间，用户数就增长了 200 万。

Keep 的诞生要归功于创始人王宁的一个创意，当时王宁想在互联网上搜集一些健身资料，却没有找到系统、客观地介绍健身知识的网站，这让他萌生了打造专业 APP 的想法。

在对用户需求进行过充分调研后，最初的 Keep 应运而生，它是一款能够利用用户碎片化时间、随时随地完成运动的APP。即使用户有不同的身体条件、不同的运动基础，也可以通过Keep获得符合自己需求的标准课程（图7-5）。

当然，Keep最为人称道的还是它天然的社交属性，在每个训练课程结束后，用户可以通过"打卡"功能记录、分享运动成果，还可以通过社区板块参与话题讨论，或是与其他用户互动。与独自锻炼相比，社区化的氛围会让用户产生更多的锻炼动力，用户会觉得自己时刻受到他人的监督，取得了运动成果也能够获得他人的夸奖，这无疑会促使用户坚持下去，并能够产生明显的强身健体、减肥塑性等效果。

APP很快进入了内测阶段，为了更好地了解用户需求，团队曾通过微博、微信、QQ、百度贴吧招募内测人员，找到了第一批约4000名忠实用户，他们的特点是热爱健身，也愿意把自己喜欢的产品传递给周围的人。在参与内测的过程中，他们还提出了一些宝贵的意见，让团队受到了启发，对内测版本进行完善，推出了备受用户的新版本。

与此同时，团队还在豆瓣、百度贴吧中发布了一些内容丰富、科学、有趣的帖子，吸引目标用户关注。到Keep正式上线，用户活跃度居高不下，微博号很快拥有了几十万粉丝，其中的一些话题有超过百万的阅读量。经过数年发展后，截至2021年3月，Keep的APP用户数已经达到3亿人，会员数量突破1000万人，日活用户数高达600万人。

Keep之所以能够成功，就是因为开发、测试、运营、推广的各个环节都能够紧紧把握住用户核心需求，保证产品方向的正确性。

如果我们想要像Keep这样牢牢把握用户核心需求呢，又该采取哪些措施呢？以下就提供一些常用的用户需求采集方法。

通过用户访谈了解需求

与用户访谈是运营了解用户需求最直接的方式，这其中又可以分为深度单人访谈以及多人焦点小组访谈两种形式。单人访谈时可以选择少量有代表性的"种子用户"，详细深入地了解其对产品的使用行为、体验、意见等信息。

焦点小组访谈可以一次性收集到8～12名用户的需求反馈信息，不过也因为群体的影响，用户容易出现明显的趋同行为而导致信息不够客观。因此采用这种方法时要谨慎选择用户，每次每组用户的学历、收入、社会阶层等背景情况应尽量保持一致，以免阻碍信息的表达和交流。

通过分析运营数据掌握需求

APP运营需要时刻关注各项数据的变化，包括浏览次数（PV）、独立访客（UV）、用户浏览轨迹、转化率等，以更加准确地定位用户的核心需求，并可以对功能或一些系统软件进行不断改进。

另外，留存曲线也是产品运营时常用的工具之一，留存曲线能够非常直观地反映出用户对产品的喜好程度，如果一种新功能上线后，留存曲线却出现明显的下降趋势，就说明产品的新功能并未能够很好地解决用户的核心需求问题，导致用户持续使用的兴趣不高，那么这种新功能的必要性也会打上问号。

通过问卷调查收集需求信息

问卷调查对于了解用户需求来说很有帮助，在产品立项或有重大功能迭代前，我们都可以先进行问卷调查，为决策指明方向；而在产品正式上线后，也可以用问卷收集用户反馈。

在设计问卷前，我们不妨先寻找有代表性的用户做一些访问，拟定初稿后再经过修改成为正式的问卷。一般调查问卷中的问题应当力求简洁、具体、易于理解，并且每个题目只涉及一个问题，同时问题应真实、有效，不要使用对用户产生诱导性的词语。在问卷回收后，运营者应当及时制成报告，将收集到的用户需求数据和对产品的建议整理分析，如果能够与用户访谈结合进行收集到的信息会更有参考价值。

通过竞品分析挖掘用户痛点

我们还应将自己的产品与市场上比较成功的竞品进行对比，从中找出用户需求的关注点，再"移花接木"到自己的产品之上。至于竞品的选择，不仅要考虑到市场上方向目标、客户群体、用户需求相似甚至一致的直接竞争者，还要考虑到同行业一些资本雄厚的公司、团队等潜在竞争者。

完成了用户需求采集的工作之后，我们还需要对大量的需求信息进行分析和评估，从中去粗取精、去伪存真，找到必须满足的核心需求以及可以适当满足的一般性的需求，而对于那些非必要的需求则不用浪费时间、精力多做打算。也就是说，满足需求不需要面面俱到，只要聚焦在最有价值的核心需求上就可以了，这就是"少就是多"的运营思想，它也是做好APP、留住用户的一条基本原则。

第 8 章
微视频营销

第
88
招

———

第
94
招

第88招
微视频营销的四大优势

微视频，也叫视频分享类短片，与短视频相比，微视频的时长更加灵活（短则30秒，长则几十分钟，但不会超过1小时），形式更加多样（有微电影、解说视频、短纪录片、广告短片、视频剪辑等多种）。而且微视频并非新鲜事物，早在网络视频刚刚兴起时，就已经出现广为传播的微视频，像曾经引爆网络的恶搞短片《一个馒头的血案》就属于剪辑类的微视频。

随着短视频的出现，微视频虽然不再像过去那么夺人眼球，但是在营销方面，也有很多天然的优势。

节约营销成本

进行微视频营销，虽然需要一定的制作成本和推广成本，但与其他营销方式相比，成本已经大幅降低；而且微视频营销是通过内容说服用户"主动上门"，无需动用销售人员到处寻找客源，所以能够为企业节约更多的资金、人力和物力。

促进与用户的沟通交流

微视频营销还具有娱乐化、流量化的特点，表现形式也更加丰富，用户会被视频内容吸引，也能够从中获得不少乐趣，即使接收到了产品或品牌信息，也不会产生反感或抵触心理；用户还能够在评论区留下自己的看法和建议，也便于运营人员收集数据，评估微视频营销效果；如果用户对产品或促销活动感兴趣，也可以通过私信、评论与运营人员交流，有助于实现双向互动的销售流程。

不受时间和空间的限制

拍摄好的微视频在发布后，可以随时随地被用户观看，不受时间和空间的限制，营销效果更加长久。如果用户想要购买视频中推介的产品，也可以在线完成交易，并由物流进行配送，全程方便、快捷、高效，用户体

新媒体营销101招：
内容运营+引流技巧+营销推广

验也得到了提升。另外，如果企业打算推出最新产品，也可以通过微视频进行造势宣传，同时进行网络预售，新产品被市场的接受度也会更高。

传播效果更佳

微视频剧情完整，能够将品牌理念融入故事情节，更容易引发用户的情感共鸣，也能促使用户主动在社交媒体上转发传播，进而可以产生裂变效果，对提升品牌知名度、影响力很有帮助。

2021年春节期间，百事可乐就推出了最新版的微电影《把乐带回家》，为用户演绎了两个笑中带泪的故事，告诉用户这样的道理：不管你是什么样的身份，对你的家人来说，你就是最重要的；不管你正在什么地方，家人都在期盼着你把"乐"带回家。这支微电影让无数网友为之动人，大家很容易产生代入感，也能够接受百事可乐想要表达的品牌理念——以积极进取的生活态度对待人生（图8-1）。

百事可乐的做法为苦于找不到新营销手段的运营人员提供了思路，我们完全可以将微视频与新媒体相结合，充分迎合用户的情感需要和心理需求，创造出更多的营销机会。

图8-1
百事可乐的微电影营销

第89招
微视频营销要解决哪些问题

　　微视频营销虽然具有很多优势，但热度却远没有短视频营销、微信营销高，主要原因是很多企业的运营人员对这种营销方式缺乏正确的认识，以为靠着粗糙的制作、简单的广告植入、病毒式的传播就能够打开局面。可事实上，微视频营销想要深入人心，就一定要把握好其特有的制作规则和传播模式，并要注意解决以下这些问题。

内容低俗化问题

　　有的运营人员为了吸引更多用户关注，不惜拍摄一些内容低俗、格调低下、渲染低级趣味的视频。这种微视频可能会在短时间内吸引眼球，但很多用户在观看之后却会心生反感，更会对视频中推介的产品的质量、品牌的信誉产生强烈的怀疑。而且账号经常发布一些低俗视频，也很容易被平台扣分或封号处理，所以运营人员一定要把握好"底线"，确保制作出的微视频是有格调、有品位的，能够突出人文关怀主题，注重对用户的精神滋养，才会更受用户欢迎。

粗制滥造的问题

　　即使微视频篇幅再短，我们在制作、拍摄时也应当格外认真，要保证用户能够从画面、配乐、音效中获得美感享受，能够从情节中获得乐趣体验，或是能够被视频传达的情感所深深打动，才能达到较好的传播效果。但有的运营人员却只追求数量，不重视质量，总是发布一些质量拙劣的视频，严重影响用户观感，自然难以实现营销推广的目标。

转化率差的问题

　　想要提升微视频的转化率，就要控制好营销元素所占的比重，在这方面，很多运营人员都会遇到相同的问题：有的运营人员未能摆脱传统广告营销思维，将微视频拍成了"加长版广告"，虽然能够完整地体现品牌和产品要素，但却很难让用户接受；还有些运营人员一味迎合用户口味，在反映品牌诉求时又缺乏足够的力度，这样的微视频传播度虽高，转化率却很不理想。因此，微视频一定要以"篇幅短、质量精、转化高"为标准，要在有限的篇幅中不露痕迹地融入品牌元素和互动内涵，使用户对微视频的转发和议论最终能够转变成对品牌的关注和对产品的喜好，这样才能实现有效的转化。

总之，微视频不是单纯的广告宣传片或娱乐化视频，我们在制作微视频之前，应当先思考自己要面对的目标用户是谁，他们有着怎样的审美偏好，他们的心灵深处有哪些最容易被触动的东西等。只有将微视频制作的问题重新回归到用户身上，才能找到更多的落脚点，由此进行微视频的内容策划、拍摄制作、传播裂变，更容易达到事半功倍的效果。

第90招
拍出优质微视频的5大技巧

想要拍摄制作出优质的微视频，不仅要注意选择新颖动人的题材，还要采用一定的拍摄技巧，以提高成片的视觉效果和艺术表现能力，让用户在观看的过程中深受感染。

这一点对于中小企业来说非常重要，因为中小企业一般没有自己的制作团队，想要拍出优质的短视频，就需要运营人员用心学习、掌握这方面的技巧。

选择合适的拍摄设备

微视频可以用手机拍摄，但是在清晰度方面肯定不如专业设备拍出的效果，而且后期剪辑制作时也会遇到一些不便。所以企业可以配备性价比高的单反相机、低端电影摄影机、平价收音设备等，这样花费的成本不高，却能够达到较好的成像效果，而且可以更换镜头设计，能够满足不同场景的拍摄需要，后期想要调色、处理声音也会更加方便。

曝光技巧

曝光是拍摄过程中的一大难点，把握不好的话，拍出的画面就会有过暗或过曝的问题。所以在画面背景亮度高于拍摄主体的时候，我们需要增加曝光补偿（将曝光补偿设置为正值），以改善拍摄主体的亮度，画面也会显得更加亮丽；而在较暗的背景中进行拍摄，就要减少曝光补偿（将曝光补偿设置为负值），才能平衡画面的曝光，画面会显得更加干净深沉，主体色泽也会更加鲜明。

构图技巧

微视频构图的方法有很多，我们不必刻意要求自己必须采用某种构图方式，而是应当根据实际拍摄需要灵活选择均衡式构图、对称式构图、紧凑式构图、三角形构图、九宫格构图、变化式构图等各种方法。

比如某中老年营养保健企业在拍摄微视频时就采用了九宫格构图，但却将拍摄主体——表情愁闷的老年人放在了画面的角落位置，画面的其他部分则做了虚化处理，这样的构图能够体现老人的无助和孤单，会让用户在观看时被不由自主地打动。

运镜技巧

微视频的运镜技巧也非常重要，它能让画面变得更有动感和冲击力。比如用相机沿着水平方向缓慢前推或快速推进，拍摄主体在镜头中就会由小变大，产生运动的效果，会给用户留下更加深刻的印象。这种运镜技巧叫做"推"，与"推"相反的是"拉"，即从特写镜头"拉"到近景、中景、全景、远景镜头，拍摄主体会出现由大到小的变化，画面也会从表现局部变化为呈现整体。

常用的运镜技巧还有"摇""移""跟""甩""升""降"等，我们需要在拍摄时多多尝试，找到最适合的角度和方式，才能用镜头讲好精彩的故事。

色彩调节技巧

微视频的后期调色也是必不可少的环节，有时同样的画面经过巧妙的调色后氛围会有很大改变，也会让人产生完全不同的观感。比如将画面调为冷色调，会让用户产生一定的距离感，但却能够提升品牌和产品的"高级感"；再如将画面调为暖色调，再配合温情脉脉的故事叙述，就更容易打动用户，同时也会让品牌更具有亲和力。在实际拍摄时，我们应当反复尝试，以找到最佳的调色方案。

在调节色彩的同时，我们还要剪辑画面、录制对白、加入音乐和音响效果，再加入美观的字幕，风格鲜明的片头片尾，才算是完成了微视频的制作。

第91招
微视频如何实现病毒性传播效果

所谓"病毒性传播"，指的是通过用户的人际关系网，利用口碑宣传将信息像病毒一样传播和扩散出去，从而产生核裂变式的影响力。而微视频由于其本身的特性，很适合以病毒性传播的方式进行推广。

首先，微视频时长较短，形式也比较简单，符合当今用户"碎片化"的信息接受习惯。用户可以利用排队、等人、等车的碎片时间看完一部微视频，并能够对其进行评论、转发，有利于微视频的传播。

其次，微视频类型多样，能够让用户在轻松的氛围内享受或温情、或搞笑、或励志、或感人的故事，大大提升了用户观看的兴趣，而且用户也愿意传播这样的内容，使得企业无需花费较多成本，就能够实现非常理想的传播效果。

不过，微视频想要实现这种病毒性传播，就需要先处理好以下这些因素。

富有吸引力的标题

一个有吸引力的标题能够让微视频的传播效果加倍，但这并不意味着我们要做"标题党"——故意设置一些哗众取宠的标题，或是与内容不相符的标题。

在设置标题的时候，我们应当从实际内容出发，不仅要让标题和内容相匹配，还可以适当采用一些技巧，让用户能够对独特的标题产生兴趣。比如曾经引发病毒性传播的微视频《啥是佩奇》，标题采用的就是"疑问＋设置悬念"的手法，能够勾起用户的好奇心；再如百雀羚的《一条拍了百年的VLOG》采用的是夸张的手法，能够对用户产生较强的冲击力，当用户深入了解后，又会发现企业并没有"玩噱头"，因为百雀羚确实是将镜头转向了100年前的旧上海，让我们

图 8-2
百雀羚怀旧风微视频引发疯传

看到了那时的城市风貌、人民生活，同时也看到了那时的百雀羚广告，足以证明
这是一个有着百年积淀的国货品牌。这条微视频在微博、朋友圈广为传播，也强
化了用户对品牌的认知（图8-2）。

引发情感共鸣的主题

纵观那些引发病毒性传播的微视频，我们会发现它们很多都在打"情感牌"，
用一些能够引发情感共鸣的亲情、爱情、情怀主题轻轻拨动用户的心弦。比如方
太的《油烟情书》微视频就是以爱情为主题，在柴米油盐中展现平凡却最真挚的
爱情，让用户看后颇受触动；再如纽百伦的《致匠心》则是以情怀为主题，让用
户被数十年如一日研究同一件事情的"匠心精神"深深打动。

别具一格的表现形式

能够引发"疯传"效果的微视频，其表现形式往往也是别具一格，能够让用户大开眼界。就像《油烟情书》这条微视频就采用了极有创意的做法：放大情书上的文字，使它们成为画面的背景，同时缩小人物，并采用了十分独特的构图，表现出了时间的推移和情感的变化。这样一条画面唯美且富有禅意的微视频，自然能够从众多平庸的作品中脱颖而出，能够引发用户主动传播的热情（图8-3）。

精巧的叙事结构

微视频不应总是平铺直叙地讲述故事，而是可以采用一些巧妙的手法让故事变得更吸引人。比如我们可以在开头制造悬念，然后一点一点"抖包袱"，让用户情不自禁地看到最后；再如在故事中设置"神转折"，会让用户在大吃一惊后忍不住拍案叫绝。在这方面，泰国的很多广告短片就值得我们学习，它们往往是靠着意想不到的转折制造强烈的戏剧感，在互联网上吸粉无数。

图8-3
别具一格的方太微视频

当然，再好的主题、表现形式、叙事结构也离不开精良的制作，上述这些引发病毒式传播的微视频也都达到了较高的制作水准，服装、化妆、道具、场景都十分精良，能够极大地满足用户的审美需要；微视频中的文案也是精雕细琢，其中的一些经典文案更是引发了刷屏效果。这也提醒了我们一定不能忽略对制作细节的把握，才能打造出引爆网络的微视频。

第92招
Vlog营销有哪些新的思路

企业进行微视频营销，不可忽略Vlog这种比较新颖的视频形式。所谓Vlog，就是Video Blog的简称，意为"视频博客"，指的是创作者通过拍摄自己的日常生活片段，再将其拼接制成的视频日记。

与单纯的文字和图片相比，Vlog内容更加饱满，形式更加生动、形象。与我们熟悉的短视频相比，Vlog时长更加灵活，短则3～5分钟，长则十多分钟，创作者自由发挥的余地更大。

对于企业来说，"网红Vlog+品牌、产品宣传"的营销新打法值得一试，因为Vlog的内容取材于网红的真实生活，更容易获得粉丝的认同，粉丝对于植入信息的接受度会更高，互动性会更好。优秀的作品还能为品牌引来更多粉丝，也能够保证传播的广度和深度。

目前，已经有很多企业尝试使用Vlog营销，并取得了非常理想的效果。OPPO公司就曾经在一款新产品发布前夕，邀请了几位Vlogger到世界大都市拍摄夜景视频。在这些Vlog中，OPPO虽然没有刻意宣传产品的夜拍功能，却自然而然地让粉丝自行发现和体会到了功能优势，视频的时尚元素和情感内涵也让粉丝十分认可。

除了这种产品测试视频外，Vlog还有很多独特的营销玩法。

借助Vlog展示新品发布会

企业可以邀请Vlogger参加新品发布会，实拍现场氛围，并录下自己试用新产品的感受。粉丝在观看这些Vlog的时候，能够对品牌和新品产生亲切感。苹果公司就采用过这种做法，他们会邀请网红参加发布会，再拍摄一些风格时尚的Vlog，给粉丝留下了深刻的印象。

借助Vlog展示代表性产品

企业还可以邀请Vlogger用自然的形式呈现一系列代表性产品，这种宣传不会让粉丝有生硬的感觉。路易威登就曾经邀请知名Vlogger拍摄视频展示服装、鞋子、手提包等产品，他们的穿搭画面被记录在了Vlog中，让粉丝觉得十分真实且富有趣味。

借助Vlog展示优质服务

服务型企业也可以邀请Vlogger亲自到店感受第一流的服务，这种真实体验视频对于粉丝来说是很有感染力和说服力的。西安君悦酒店就曾邀请一对网红情侣到店体验价值3万元一晚的总统套房，这对情侣在精心拍摄的Vlog中展示了双人包间水疗服务、意大利餐厅等酒店特色项目，吸引了无数粉丝围观，宣传效果远胜于花重金拍摄的广告。

借助Vlog展现品牌精神

企业还可以邀请Vlogger进行深度创作，将品牌倡导的精神与情感元素相融合，再完美体现于创作内容中。这种形式更容易引发粉丝的共鸣，可以让品牌精神深入粉丝的心。彪马曾邀请网红合作创作主题为"你就这样"的Vlog，这支风格独特的视频展现的是渔民和冲浪手的画面，却让粉丝找到了与彪马品牌精神高度吻合的东西，让粉丝被深深打动。

当然，Vlog营销的玩法还有很多，并不局限于上述几种思路。随着Vlog在国内的火爆，我们还会看到更多的营销可能性，Vlog也将成为新媒体营销的下一个风口，等待我们发掘它的无限潜力。

第93招

苹果的微视频营销：触动用户的内心情感

在进行微视频营销时，如果我们能够做好品牌的情感定位，用情感力量使品牌价值得到升华，不仅能够给用户留下极为深刻的印象，还能够让他们产生情感上的共鸣，而营销也能达到更理想的效果。

苹果在进行微视频营销时，就擅长融入感人肺腑的情感故事，使用户受到深深的触动。这方面最具代表性的例子要数苹果与著名香港导演陈可辛合作的短片《三分钟》，这支短片发布后，曾经在微博、朋友圈引发刷屏效果，赚足了用户的眼泪（图8-4）。

图8-4

苹果感人至深的《三分钟》微视频

这支短片在开头即注明全片用苹果手机拍摄，而它的情节非常简单：一位女乘务员每年春节都要值班，只能把宝贝儿子托付给妹妹照顾。孩子想念妈妈，妹妹带他来到站台，想趁着列车到站的短短三分钟时间，让母子俩能够见个面。然而在这三分钟内，女乘务员还要忙着照顾顾客，眼看着时间一分一秒过去，她的心情无比焦灼。当倒计时只剩1分40秒的时候，她终于有了空闲，能够抱抱儿子，可因为过于激动，一时竟说不出一句话。儿子为了让妈妈开心，便主动背起了乘法口诀："一一得一、一二得二……"可惜时间实在是太短暂了，孩子还没背完，女乘务员就不得不离开他，回到工作岗位，那一刻她眼中的不舍让无数用户泪湿眼眶。

这支短片篇幅很短，却催人泪下。在打动用户的同时，也让用户不由自主地注意到了陈可辛使用的拍摄手机。如此一来，短片不仅给苹果的产品做了宣传，还深度包装了苹果的品牌形象，让人们意识到这是一个注重人文关怀的品牌。

苹果的成功做法，再次验证了情感力量对于提升品牌价值的重要性。如果一种品牌不能引起用户的情感共鸣，就很难像苹果这样深入人心，获得用户的喜爱和信任。因此，运营人员只有想办法增强品牌的情感内涵，才能更好地引起用户的兴趣，更可以促进购买。

那么，有温度的情感营销该如何进行呢？下面这些做法相信可以给运营人员一些启发。

充分满足用户的情感诉求

做情感营销的品牌很多，但是真正能够深入人心的却寥寥无几，这就是因为运营人员总是习惯从自我角度出发去思考问题，结果常常是感动了自己，却感动不了用户。

真正的情感营销是要用心感知用户的看法、情绪，找到他们最渴望的东西，再把这些东西场景化、文字化、图像化，才能产生打动人心的力量。

选择最恰当的情感主张

情感营销方案必须体现一个鲜明的情感主张，如亲情、爱情、友情、独立、勇敢、自信等，而且这个主张要和品牌紧密相连，唯有这样，品牌才能被用户深深记住，甚至还会留下难以磨灭的印象。

以创新的形式进行情感表达

情感营销切忌千篇一律，否则会引起用户的审美疲劳，难以达到理想的营销效果。而且过于老套的情感营销还会对品牌本身造成伤害，会让用户无法准确地记忆和筛选品牌，导致品牌内涵和品牌精神缺失，因此，情感营销应当力求创新，如果能够用别具一格的形式表达你的情感主张，必然会让用户有眼前一亮的感觉。

总之，在新媒体的时代，情感营销"以情动人"的本质并没有改变，需要改变的是营销创意和营销思维。运营人员要学会从心出发去挖掘用户的内心诉求，再结合当下新颖的传播习惯和多样化的传播渠道，才能让营销内容触达更多的人，营销效果才能得到大幅度提升。

第94招
饿了么："明星+微电影"为品牌赋能

请明星代言、拍摄广告大片是很多大企业都会采用的做法，但饿了么却独辟蹊径，邀请明星拍摄接地气的微电影，引发了网络热议，也为品牌重新赋能（图8-5）。

这几支微电影开头加入了不少恶搞元素，像名导演大卫·芬奇、怪兽哥斯拉、米高梅的狮子LOGO等都被恶搞了一番，也逗乐了很多年轻用户。

微电影的主演是当红明星王一博，他本是大家眼中的"酷盖"（Cool Guy的谐音），是很多年轻人追捧的潮流先锋，可是在本片中，他却化身为饿了么的配送员"蓝骑士"，还拥有自己的编号"9785号"，这样的反差自然会吸引用户的注意。

新媒体营销101招：
内容运营+引流技巧+营销推广

图8-5
饿了么邀请明星拍摄微电影

在接下来的剧情中，王一博接受了一个又一个高难度配送任务：用户A要求"一个很帅的小哥哥来送，不然不吃"；用户B要求小哥为过生日的爷爷念祝福语，还要"念出感情，念出激昂"；用户C购买了黄鳝、大闸蟹、黑鱼，要求"一定要送活的，活的"；用户D瞒着家人偷吃夜宵，要求小哥"一定要悄悄地送，送时拍手'两短一长'为暗号"。

相信看到这里，很多用户都会会心一笑，外卖小哥们确实会遇到很多听上去不可能完成的任务，但他们还是会尽心尽力满足用户的要求，此时屏幕上也恰到好处地出现了"万能的蓝骑士来了""你爱的餐饮美食，说到就到"等宣传语，下方则是一个个"饿了么订单"，这样的构思不但凸显了品牌精神，还加深了用户对品牌的好感。微电影发布在微博后，在短时间内转发数就超过了20万次，点赞数也超过了100万次。

饿了么的微电影营销能够大获成功，与以下这几点有很大的关系。

从年轻用户的品位出发，实现品牌升级

如今，"z世代（1995 ～ 2009年间出生的人）"逐渐成为消费主流群体，把握好这个群体的需求，获得他们的充分认可，就等于掌握了市场的未来。因此，各大品牌都在进行着年轻化升级，而饿了么在这方面的举措是值得肯定的。

饿了么选择年轻人喜欢的明星代言，但又没有走其他品牌的老路，而是思考如何利用明星形象塑造品牌的时尚潮流形象，如何在内容中凸显年轻人喜闻乐见的元素，让他们有眼前一亮的感觉，进而能够对品牌产生全新的认知。

发挥好"故事营销"的价值

讲故事是营销的一大利器，好的故事不仅会牢牢地抓住用户，激发他们的热情和共鸣，还会深入他们的脑海，让他们久久难以忘怀。

饿了么在制作微电影时，就采用了"讲故事"的做法，电影中的每一个小段都可以看成是一个故事。比如一位用户的爷爷过八十大寿，在饿了么下单，请"蓝骑士"给爷爷送去鲜花、蛋糕，再对爷爷大声念出祝福语。可是爷爷上了年纪，有些耳背，把祝福语听错了好几次，闹了不少笑话，"蓝骑士"却十分耐心，一遍一遍重复，终于将孙子的祝福带给了爷爷。这样一个完整又不失温馨的故事能够吸引用户看到最后，用户还在潜意识中接收到了故事想要传递的价值观，对品牌也多了很多认同感。这样的故事营销，效果远胜于做广告大力美化自己的品牌。

融入情感元素，深深打动用户

饿了么也很重视"情感营销"的作用，在微电影也融入了很多情感元素，让用户被深深打动，愿意主动传播自己看到的感人画面。

比如在微电影中有这样一段故事：一位用户不小心受伤了，在饿了么下单订购了创可贴、酒精消毒液，还想让"蓝骑士"给自己"画个大作安慰一下"。对于这样的要求，"蓝骑士"也没有敷衍，他站在昏黄的路灯下，认真地在配送纸袋上描摹了一个笑脸，还自言自语道："药再加一点点爱，应该好得更快吧。"观看这段微视频的用户感受到了那种来自陌生人的温暖和关怀，只觉得心弦被悄悄撩动，会不知不觉地点赞、转发，对于饿了么这个品牌也会产生更多的好感。

结合消费场景，让用户产生代入感

饿了么在2020年进行了服务升级，除了送餐之外，还能够向用户提供多种服务。在微电影中，他们也注意体现这一点，将情节与多种消费场景完美融合，告诉用户鲜花、生鲜、医药配送以及各种生活服务都在自己的服务范围内。用户接收到了这样的信号，会对饿了么更加强大的功能有所认知，如果有相应的消费需要，他们也会马上想到可以在饿了么下单，解决自己的实际问题。

饿了么在精心打造微电影内容的同时，也注意做好内容传播，持续扩散影响。比如在微电影上线前，饿了么就在微博上发布过预告片，还引导微博用户进行讨论，积攒了不少人气。等到微电影上线后，饿了么更是做好了全网分发、裂变传播的工作，其中很多话题都在微博、抖音、快手、知乎登上了热搜榜，为品牌带来了巨大的流量。

饿了么的这次微电影营销也给很多企业提供了一条新思路：在新媒体时代，依靠明星引来的流量需要与优质内容完美融合，再配合系统的传播战术，才能成功为品牌赋能，实现企业的营销目标。

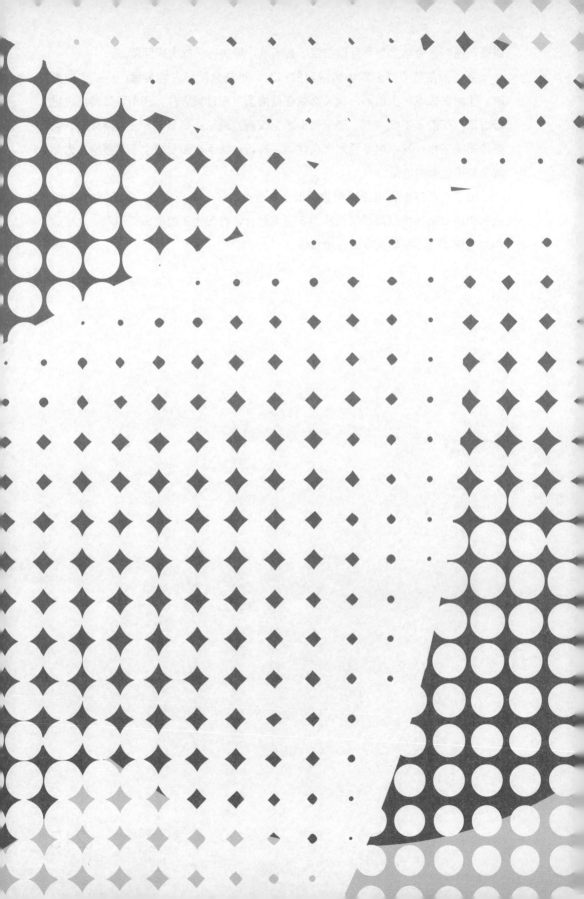

第9章
自媒体营销

第95招

————

第101招

第95招
自媒体营销有哪些独特的优势

在移动互联网时代，自媒体进入了蓬勃发展阶段，越来越多的机构、个人纷纷加入自媒体行业，通过自媒体平台、社会化网络、在线社区等途径向外发布各种信息，企业也可以利用自媒体更好地推广品牌，销售产品。

与其他推广渠道相比，自媒体推广至少有以下几方面得天独厚的优势。

自媒体用户群体庞大、整体黏性较高

近年来，我国自媒体用户数量呈现快速增长趋势，无数用户利用自媒体平台发表自己的见解、主张，传递内容信息，整体黏性和活跃度都很高。

与此同时，大量创作者、企业纷纷投入自媒体行业，自媒体从业人员增速也很明显，从业人员总数从2014年的146万人快速攀升到了2020年的320万人；自媒体相关企业的注册量从2014年的313家增长到了2019年的2747家。数字的背后，反映出的是用户对优质内容存在极高的需求，企业从事自媒体营销也要注意满足这种需求。

自媒体推广成本较低、效果较好

自媒体营销不受时间、空间限制，只要网络畅通，就可以随时随地进行。自媒体账号运营也比较容易，同样的原创内容可以分发在不同的自媒体平台上，获得几倍的曝光率。如果内容足够优质，也受到了用户的喜爱，平台就会给予更多的推荐量，使得阅读量在短时间内就会呈现井喷式增长，账号增粉速度也会加快，信息传播效果更好，营销成本却非常低廉。

自媒体营销形式灵活多样

自媒体营销形式多样，企业可以组建自己的自媒体团队，在各大平台注册账号，通过长图文、短动态、短视频、音频等形式传播信息，也可以将多种形式结合进行。如果企业想要实现快速传播的目的，还可以与自媒体达人合作，请他们帮忙推广品牌或产品，这种合作花费不多，效果却非常明显。

自媒体能够解决与用户深度沟通的问题

自媒体具有平民化、个性化、碎片化的特点，对用户有很强的吸引力。用户也可以通过自媒体与企业进行沟通交流，能够加强双方之间的互动性：企业可以更好地了解用户的个性化消费需求，也能够在客观、真诚的沟通中赢得用户的认可和信任，建立起自属于自己的"鱼塘"。

此外，自媒体还能帮助企业实现精准营销的目标。我们可以从自媒体平台提供的用户数据中了解用户的年龄、性别、地域分布特点，还能知道用户最喜欢什么样的内容，会在哪个时段阅读内容以及用户最容易接受什么样的营销信息。

我们可以多收集这方面的信息，整理、分析后进行建模，即可形成精准的用户画像。之后我们可以针对不同的用户群体，选择不同的营销策略，便可起到更加理想的营销效果。

第 96 招
企业自媒体的运营思维

在"内容为王"的大时代，自媒体早已不是什么新鲜事物，任何用户都可以成为自媒体创作者，在各大平台上发布自己的所见所闻所感，信息生产、传播的权力也从传统专业媒体手中降解到了个人手中。

在这样的大趋势下，企业应当努力转变思维，让自己的公司成为自媒体，创造优质内容，免费为自己宣传推广；而在企业遇到舆论危机的时候，也可以通过自媒体及时地为自己发声，并能够顺利引导舆论，将负面信息的影响降低到最低程度。

在构建企业自媒体的问题上，小米一直走在前列。小米创始人之一黎万强特别重视"企业做自媒体"的特殊意义，他认为企业应当将自媒体当成一个"主战场"来看待，最好花费2～3的年时间建立一个有足够战斗能力的自媒体团队，帮助企业进行内容营销，其效果会远远超过花费几千万广告费做宣传所能产生的影响。

小米拥有专门的自媒体运营团队，其中有20%的工作人员专门负责制作优质的自媒体内容，另外80%的人员则负责内容传播和效果监测——在各大内容平台上与形形色色的用户密切沟通，了解他们对于新内容的看法，然后将搜集到的反馈意见传递回来，以便及时进行内容迭代。不仅如此，雷军、黎万强、林斌以及其他创始人和小米高层管理人员也都亲自投入到内容的创作和传播中来，使得企业自媒体的运作格外顺利。

可是纵观现在的很多企业，在做自媒体时却存在很多问题，要么不懂得内容传播的法则，要么不了解自己的用户喜欢什么内容，要么不擅长和用户进行内容互动，凡此种种都会引起无效传播的问题——企业产生了大量的内容，却基本都是些无用的信息，用户对此漠不关心，不去点赞、分享，更加不可能引发转化。

这些企业应当努力学习如何成为真正的"企业自媒体"，而这可以从以下几点做起。

建设专业的自媒体团队

做自媒体不是一蹴而就的事情，往往需要一段时间的积淀后，才能出现"引爆"式的效果。对此企业要有正确的认识，不能急于求成，而是应当组建好专门的自媒体团队。像小米在组建自媒体团队时就投入了大量精力，找到了很多能力出众的人才，并且在团队内还进行了清晰的职责划分，使得团队拥有主编、总编、产品经理、设计师以及软件工程师等各种角色，在进行内容营销时才能做到有条不紊。

给自己一个准确的定位

有的企业自媒体在定位方面存在很多不足，不知道应当凸显哪方面的特点和优势，而是盲目地追逐热点，或是发布社会新闻，或是发布明星八卦，或是发布猎奇信息。用户看到这样的内容后，对于企业的印象是模糊的，不知道这是一家什么样的企业，也不知道企业的产品和服务有什么样的特点，像这样的内容营销显然不可能产生实际的价值。

因此，企业做自媒体前一定要给自己一个准确的定位，同时还要对目标用户进行定位，这样才能确定自己内容营销的风格。比如，"故宫淘宝"在宣传推广自己的文创产品时就采用了"文化+萌感"的定位，无论是文章还是图片、视频、H5等内容都兼具艺术性、历史性和娱乐性，让用户有一种"反差萌"的感受，对品牌和产品也能够形成印象深刻的记忆点。

不断提升创造内容的能力

企业做自媒体，要时刻关注用户特别是目标用户的各项数据，从中发现内容方面需要提升的问题，并进行适当的改进，这样创造内容的能力才能不断上升。

有的企业在做自媒体时，一开始没有什么经验，常常在平台上发布一些企业新闻、业界动态、产品宣传之类的信息，形式死板，内容枯燥，导致用户兴趣匮乏，阅读量寥寥无几。对此，企业就应当及时进行改进，要以粉丝为中心，为他们提供一些有价值的内容，使他们有看下去的欲望。比如，企业可以讲一讲自己的品牌故事，引发用户的情感共鸣，还可以经常性地举行一些有奖转发活动，也可以提升用户参与的积极性。

逻辑思维创始人罗振宇说过一句话："未来一切产业皆是媒体，一切内容皆是广告。"企业不妨以这句话为方向，学会创造内容，学会以媒体化的思维从事营销，学会用有温度的内容打造自己的社会化形象，如此，企业才能与用户成为志同道合的好朋友，并会真正走进用户的心中。

第97招
今日头条，强大的宣传推广阵地

今日头条拥有庞大的日活跃量和用户量，目前平台用户量已经超过了7亿，日活跃量更是超过了2.6亿，日均评论数超过1000万条。

对于企业来说，今日头条确实是一个十分强大的宣传推广阵地，运营得当的话，不但可以吸引大量精准粉丝，还可以提升产品销量，创造可观的效益。

那么，企业如何在今日头条开展推广工作呢？

企业首先应当申请企业头条号，提供相关证明并通过审核后，开通的账号会

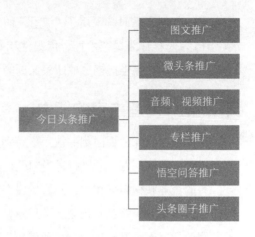

图9-1
今日头条推广思路

带有蓝 V 认证标识、定制商家主页，账号权重更高，也更容易赢得用户的信任。

至于头条创作形式则有长图文、微头条、音视频等多种，企业可以根据自己的实际条件选择一个方向重点推广，也可以将各种形式结合起来进行全方位推广（图9-1）。

图文推广

就图文而言，企业应当从自身所在行业领域出发进行图文原创，不断提升账号的垂直度，才能获得更多的精准流量。在撰写文章时，内容运营人员要注意做好精美的排版，并要加入高质量的图片，才能让用户获得较好的观感。

如果想要推广产品，运营人员一定要做好文字处理工作，切勿直白地向用户推销产品，而是要向用户提供有价值的干货信息，再自然地导入产品信息，最后使用头条提供的"商品卡"功能插入产品。另外，图文中一定不能出现 QQ 号、微信号之类的推广内容，否则文章无法通过审核，账号也会因为"恶意营销"而面临扣分处罚。

微头条推广

与长图文相比，微头条篇幅短、创作难度低、互动性好，已经成为营销推广的良好选择。运营人员可以结合行业、专业领域知识，创作一些有深度的微头条，也可以选择新鲜、有趣的素材创作趣味微头条，以赢得用户的喜爱和互动。

在发布微头条时，运营人员也要注意加入精美的图片，才能吸引用户的眼球。另外，运营人员还可以用"#"功能加入头条用户比较关注的话题，以增加微头条的曝光率。

音频、视频推广

对于没有时间和耐心阅读长图文的用户，我们还可以提供音频、视频来满足他们对信息的需求。不过在创作时也要始终围绕自己的领域，并且要做好持续输出，才能提升用户的依赖性。

专栏推广

为了提升账号影响力，吸引粉丝关注，我们还可以创作图文或音视频专栏。为此，我们首先应当明确目标用户需要什么内容，然后由此出发设置好专栏的主题，再定期创作内容、加入专栏。

一般而言，章节数越多的专栏越有推广优势，所以章数最好不要低于10节，同时每一章的标题都要精心打磨，要突出领域关键词，便于系统识别后给予精准推荐。

悟空问答推广

问答平台的流量也非常可观，而且只要回答足够精彩，即使账号粉丝量不多，也有可能被系统推荐到首页。因此我们一定要选择自己领域内的问题，并可以筛选一些目标用户或潜在用户提出的问题，再给予500字以上的认真回复，加入3张以上的图片，有助于获得更大的曝光率。

在回答中，我们不要直接推销自己的产品，而是可以巧妙、隐晦地展示产品价值，吸引用户的注意。只要用户认为产品能够满足他们的需求，便会主动留言询问，此时我们就可以将他们引导入私域流量池，进行下一步的营销工作。

头条圈子推广

头条推出的"圈子"功能也可以成为营销利器，在圈子中，我们可以向粉丝提供有价值的内容和服务，也可以与粉丝保持更加亲密的交流互动。更值得一提的是，粉丝也可以在圈子中畅所欲言，高质量的内容还会获得"精选"，这对粉丝来说也是一种很好的鼓励。

除了上述这些推广方法外，运营人员也可以多关注一些业内大V账号，平时不妨多到他们的图文、微头条下面发布精彩的评论，也能够产生不错的引流效果。

百家号，打造多元营销生态

百家号背靠"百度"，拥有得天独厚的流量优势。目前百度APP日活已达到了1.6亿，信息流日均推荐量超过150亿，入驻"企业百家号"的企业也已经超过了110万。

与个人百家号不同，企业百家号是百度专门为企业打造的多元营销阵地，通过百家号，企业可以发布品牌内容，与用户保持紧密沟通，还能够不断促进销售转化。

具体来看，企业百家号的营销方式主要有以下几种。

内容发布

在运营之初，我们就要选定行业领域，坚持发布原创、专业、能够体现品牌优势的高质量内容，这些内容的形式包括图文、动态、专栏、合辑、视频等。

为了节省时间，降低运营成本，我们可以选择同步自己头条号、公众号上的内容，但一定要保证是原创的作品；我们也可以选择在百家号首发，内容会被打上"首发"标签，可以获得更高的曝光率。

持续发布优质内容有利于树立自己的企业形象，提升品牌影响力，同时系统也会给予这样的内容更多的推荐量，而且用户使用百度搜索引擎搜索关键词时，企业发布的内容排名也会更靠前，由此产生的营销价值是不可估量的。

运营人员可以选择在每天的固定时间发文，让粉丝养成阅读习惯，有助于增强粉丝黏性。需要注意的是，在发布内容时要避免过于直白的营销内容，更不能在文字中、图片上加入推广信息和联系方式，否则会遭到系统处罚，严重时可能会导致封号。

与用户无缝沟通

企业也可以将百家号当成与用户沟通的一个窗口，比如可以与用户通过群发消息、发私信、回复评论进行沟通交流。

企业也可以利用百家号的"自动回复"功能与用户高效沟通：用户关注账号或是在私信中提到某些关键词时，都会立刻收到预先编制好的回复文案。我们也可以在文案中留下一些引导性话语，将用户导入私域流量池。另外，我们还可以通过关注领红包、抽奖等活动激活粉丝的热情，提升粉丝的黏性，为品牌培养忠实的粉丝群体。

巧用营销组件

企业还可以利用百家号的营销组件提升转化率，比如在企业百家号的主页设置直播窗口、关联小程序等，用户点击后即可了解品牌和产品的信息。另外，企业还可以通过图文、动态挂载商品、开设"度小店"等方式直接实现产品销售的目标。

此外，百家号上还有不少流量入口如信息流广告、开屏广告、搜索广告等，都是商家必争之地。企业可以根据自己的实际需要，在营销成本允许的情况下投放相应广告，获得最大的吸睛效果。

第99招
做好内容初始化，构建品牌价值观

内容初始化，就是要整理出基本的内容框架，然后发布最初的内容，确保能够让目标用户获得良好的第一印象。

需要注意的是，初始化内容通常决定了账号的调性，也是品牌价值观的集中体现，所以我们一定要尽早制定出相应的标准。要弄清楚什么样的内容是适合品牌价值观并可以展示给用户观看的，什么样的内容是不符合的，什么样的内容是应当坚决排斥的，这些都应该在自媒体账号运营之处形成框架，便于内容运营人员开展后续工作。

在内容初始化阶段，有几种内容建设的方式是最有效也是最快捷的。

运营人员自主创作内容

作为运营人员，首先要对自己从事的行业以及用户的需求深入了解，再想办法从用户感兴趣的话题入手创作内容，以引起用户的共鸣。如果新手运营对自己创作内容的工作感觉困难，也可以在私信邀请优秀的人才来编辑内容，或者邀请线下有相关经验的文字编辑来制作精美的内容。

初始内容具备之后，运营人员还需要将有代表性、反映品牌价值观的内容置顶显示，让用户对账号的内容定位做到一目了然。

创始人为内容质量树立标杆

什么样的内容最适合自己的品牌和目标用户，这个问题的答案企业创始人应当是最清楚的，因此初始内容也可以有一部分由创始人亲自生成，并能够为日后的内容创作树立质量标杆。

"凯叔讲故事"创始人王凯（凯叔）就对内容创作有读到的认识，他将儿童内容当成"工艺品"来打造，每一部产品做到100分还不够，还要打磨到120分，做极致的产品，从呈现形式、背景音乐、音频节奏方面都做到了与众不同，且更加符合儿童的审美喜好。在凯叔亲自把关下，"凯叔听故事"的内容获得了家长、孩子的强烈追捧，这个品牌也成了驰名全国的儿童内容教育品牌。

从社交圈中邀请达人参与

为了提高品牌的影响力，提升内容的价值，内容运营人员还可以多多运用自己的社交圈，想办法与业内的精英、权威人士产生联系，并邀请他们提供一些高质量的内容。这方面的内容不用太多，却可以发挥出非常明显的效应，能够深深吸引普通用户的关注，并且也在无形之中提高了账号的格调，会让用户更加认可。

需要提醒的是，内容建设的思路有很多，运营人员可以同时各种思路并用，不一定单纯依靠某一种方法，但不管采用何种方法，都应当始终坚持最初的内容定位和品牌价值观，因为这是让用户记住并爱上品牌的重要方法，也是内容运营的核心追求。

第100招
自媒体如何摆脱"内容同质化"

在各大自媒体平台上，"内容同质化"都是一个难以解决的问题。很多账号的内容看上去基本雷同，有的甚至完全"克隆"爆款内容的文字、图片，观点视角极度重合，让用户有无法区分的感觉，阅读后也不可能留下深刻的印象，更无法对品牌形成认知，久而久之，还会造成流量下降、用户流失、品牌影响力严重下滑的后果。

面对"内容同质化"，企业的内容运营人员应当如何做出改变呢？

避免将提升点击率当成唯一目标

点击率、转发率能够在一定程度上体现出内容的价值，但运营人员却不能将吸引用户点击视为唯一的目标。比如运营人员不加选择地跟随平台上一些所谓的"劲爆话题"，以明星八卦、奇闻怪事、奇葩恶搞为主创作内容，虽然点击量颇高，却会给用户留下"低俗"的印象，也会严重影响品牌形象。

避免传播谣言

有的运营人员不假思索地跟风热点，将谣言当成事实，会造成严重的社会负面影响，最后不但账号会遭到平台严肃处理，品牌信誉、产品声誉也会大受损害。所以内容运营人员应当重视对内容的核实，不要为网络谣言的传播煽风点火，对于可能造成严重社会影响的选题最好不要轻易触碰，更不能为了博眼球就故意捏造信息或夸张宣传，以免损伤企业自媒体账号的公信力。

避免内容过度商业化

内容过度商业化、广告化，会引起用户的反感，很容易导致用户流失，因此内容运营者应当把握好"商业化"程度，避免让用户看到雷同的广告宣传。在平时创作和发布内容时，要尽量寻找干货内容、情感内容与广告内容的平衡点，避免过度营销。

避免过多发布快消费型内容

所谓快消费型的内容，就是能够吸引眼球，却又缺少实际意义的信息，像"心灵鸡汤"类的文字、各种笑话段子、星座算命、情感测试等都属于此类。这种内容虽然有一定的趣味性，但却容易陷入内容同质化问题，会让账号失去个性和辨识率，无法让用户形成深刻的印象。所以进行品牌推广，要避免发布过多这类内容，平时应当多创作有深度的内容，在吸引用户的同时还能给用户留下良好印象。

避免抄袭、洗稿行为

内容运营人员一定不能为了"省事"就去照搬照抄别人的文章，也不能投机取巧地进行"洗稿式创作"，否则很容易为账号引来处罚和非议，更会严重败坏品牌声誉。事实上，观点鲜明、深刻的原创内容不但能够拔高品牌的调性，还能摆脱同质化问题，更能提高内容被搜索引擎收录的可能，有助于获得更多的免费流量。因此运营人员应当大力支持和保护原创内容，可以自己创作，也可以请行业专家、学者、权威人士供稿。

总之，内容运营人员应当有意识地挖掘用户需求，进行专业内容创作，以便走出一条新颖、独立、有特色的差异化内容营销道路。

第101招
彩妆品牌"完美日记"的自媒体营销思路

诞生于2017年的彩妆品牌"完美日记"，在短短几年内就获得了消费者的认可，曾被评为"年度国民新国货"，还在2019年夺得了天猫"双十一"彩妆销售桂冠，同时也是眼影、唇釉、睫毛膏、眼线品类的第一名。

2020年，完美日记的销量再创高峰，品牌影响力也进一步增强，荣获2020年度"拉新先锋品牌"称号，更以60.78亿元的品牌价值入选2020中国品牌节年会500强榜单。

完美日记之所以能够在竞争激烈的彩妆行业打开局面，与其善于通过自媒体营销造势有很大的关系。

在众多的自媒体平台中，完美日记看中了时尚平台小红书。入驻小红书以来，完美日记官方创作的"笔记"已接近500篇，吸引粉丝近200万。这些粉丝在使用过完美日记的产品后，又在平台上发布了体验感受、推荐文章等等，目前在平台上搜索"完美日记"，会看到相关笔记数量已经超过了10万篇（图9-2）。

完美日记还邀请了头部KOL撰写了不少原创笔记，内容多是对产品的测评、试色、对比等等。在KOL的号召下，忠诚粉丝迅速增长，完美日记这个品牌也

图9-2

完美日记布局小红书

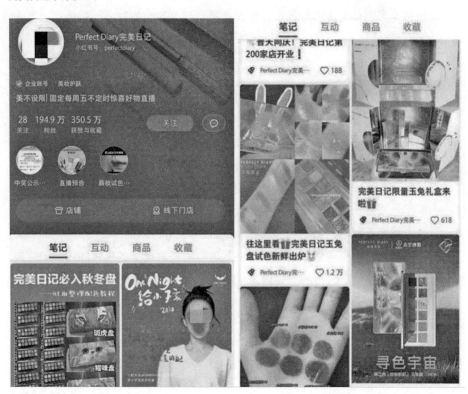

名声大噪，以前不了解这个品牌的用户也迫不及待地下单购买，想要亲自感受一下产品到底好在哪里。

有了在小红书成功推广的经验后，完美日记又进驻了抖音、知乎、B站等平台，还邀请了美妆达人帮忙"种草"推荐，增强了用户的信任感。

现在的完美日记不仅是网红品牌，更是用户心中专业、可靠的美妆品牌。据统计，其天猫店在短短8个月内，销量增长50倍，成了自媒体推广的绝佳范例。

相信完美日记的自媒体推广案例会给广大卖家带来很多启发，在自媒体发展如火如荼的今天，想要让品牌、产品获得更高的曝光率，我们就一定不能错过这种新颖的推广模式。

在进行自媒体推广时，我们需要注意以下几点，才能取得事半功倍的效果。

选择适合自己的自媒体平台

自媒体平台很多，每个平台都有自己的风格，而且各平台都有很多细分领域。想要让自己发布的内容获得平台推荐，不光需要把握平台的特点，还需要与自己所在的领域相结合。

比如想要为彩妆品牌进行推广，可以选择小红书这类的时尚自媒体平台发布"种草"笔记，也可以选择在抖音这样的短视频平台展示产品的优势，还可以在头条号、百家号、大鱼号、企鹅号等平台的时尚领域发布图文或图集内容。

也就是说，选择的平台不同，推广的打法会有很大的区别，这一点是我们应当特别注意的。

创作出有针对性的优质内容

选好平台之后，我们应当有针对性地创作内容，并且要注意保持内容的垂直度，不能为了博取关注随意蹭热点，或发布一些低俗内容。

另外，我们还要结合自己产品的特点做出差异化的内容，让平台用户能够记住我们。而且为了避免遭到平台打压，发布内容时还应遵守各平台的内容创作规范，尽量不要发布过于直白的广告信息，而是可以发一些软文性质的文章。

比如为女装企业做推广，就可以选择在时尚领域发布一些指导用户穿衣搭配的文章，让用户在阅读后能够获得"价值"，平台对于这样的内容就会比较认可。

巧妙地为产品引流

运营人员毕竟不是专业的自媒体人，发布各种内容的根本目的还是为了引流，所以我们要牢记自己的目标，再结合平台特点和平台规范去引流。

比如可以利用平台自营广告插入产品链接，也可以私信粉丝发布链接，还可以通过抽奖模式引流到线上店铺，或是在评论区留言插入链接等，但不建议在发布的图文中夹带链接，否则可能会被平台视为违规行为而扣分、删文。

当然，如果自己不擅长创作内容的话，运营人员也可以选择和平台合作，举行一些推广活动，再邀请内容创作达人帮忙推介产品。他们一般是在细分领域具有话语权的大V作者，也拥有自己的粉丝群，所发布的图文或视频的影响力都是不容小觑的。

所以我们可以有针对性地选择达人进行推广，像母婴用品企业就可以与平台上的育儿达人合作，通过他们撰写的测评文章推广产品、打造口碑。虽然这种合作推广需要付出一定的费用，但比起传统渠道的营销推广要"价廉物美"得多，企业也可以将节省下的成本用于改善经营或是策划活动回馈用户。

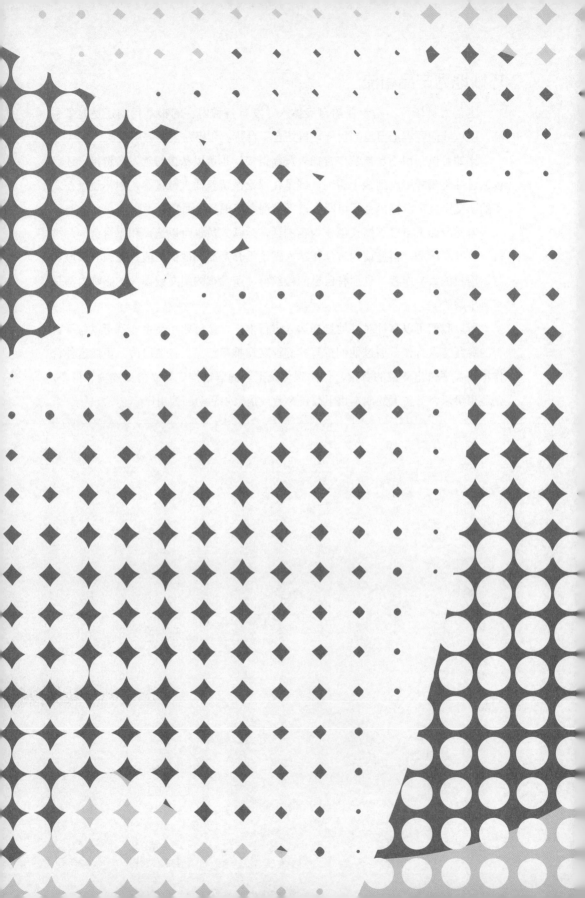